279
新教新書

バルト自伝

カール・バルト
佐藤敏夫編訳

目次

解説（佐藤敏夫）

一九三九年、『クリスチャン・センチュリー』誌は、「最近十年間に私の心はいかに変化したか」（How My Mind Has Changed in the Last Decade）というシリーズを計画し、当時のキリスト教界の知名の人々に寄稿を求めた。寄稿者は主としてアメリカ人であったが、ヨーロッパからただ一人だけ選ばれたのがカール・バルトであった。以来、同誌は十年ごとに三回このシリーズを繰り返し、そのたびごとにバルトはこれに寄稿したので、結局三度バルトは自伝的文章を書くことになった。それが本書に訳出されているものである。一九三九年といえば、バルトはちょうど五十二歳にあたっていたから、その時彼が語ったのは四十二歳からの十年間であり、その後の二つの文章をあわせれば、われわれはバルトの四十二歳から七十二歳までの自伝的記録をもつことになるのである。つまり、バルトの後半生の記録といってよいものである。『クリスチャン・センチュリー』誌の企画が、はからずもこのような形でバルト自身の筆になる自伝的文章を残すことになったのは、彼に興味と関心をもつ人々にとって喜ぶべきことであろう。

しかしこれらの文章を興味ぶかく読むためには、それらが書かれた同時代の背景や、その背後にあるバルトの事情について、いくばくかの知識をもつことが必要である。また、本書に出てくるバルトは一応自己の立場を確立した後の成熟期のバルトであって、形成期のバルトについての予備知識をもたない読者は、必ずそれを要求することと思われる。その意味で、筆者はバルトがここで触れていない前半生や、本書に訳出した文章の背景になっている事柄について、一通りの解説を試みてみたいと思う。

1　修学時代

カール・バルトは一八八六年五月十日、バーゼルで生まれた。父は後にベルン大学の

解　説（佐藤敏夫）

教会史および新約学の教授になったフリッツ・バルトであり、兄弟にはバーゼル大学の哲学教授であったハインリッヒ・バルト、また若くしてなくなったカルヴァン学者ペーター・バルトがいる。バルトがどのような幼少の時代を過ごしたかはブッシュの『バルト伝』によって近年かなり知られるようになったが、なお、ヴィルヘルム・パウクが語る次のような話は――それを彼はペーター・バルトから直接聞いたのだという――後年のバルトと思い合わせてほほえましいエピソードということができよう。

カールがまだ九歳か十歳頃のことである。当時バルト家では、毎年の夏休みを田舎で過ごすことになっていた。ある日、朝食後一家はピクニックに出かけようということになった。皆は勢揃いしたが、カールの姿だけは見えなかったので、そのままにして出かけていった。午後皆は帰ってきたが、やはり彼の姿は見えなかった。実は彼は納屋のなかにいたのである。彼は三脚椅子に坐り、樽を机の代りにして、朝からものを書いているというのだった。彼を発見した家族のものは、いったい何をやっているのかとたずねた。――カールは答えた。「僕の著作集を書いているんだよ」。カール・バルトは、こんなふうにして始めた仕事を、今日まで引き続きしているのだとパウクは書いている。[1]

長じてのち、バルトはベルン大学を振出しに（一九〇四）、ベルリン、テュービンゲン、マールブルクの諸大学を遍歴する。これらの大学において彼が出会った著名な教授には、ベルリンの教会史家ハルナック、旧約学者グンケル、テュービンゲンの新約学者シュラッター、マールブルクの教義学者ヘルマンなどがいる。彼の告白によれば、なかでも彼に深い印象を与えたのはヘルマンである。もちろんやがて離れていくにしても、ヘルマンはバルトにとってのちのちまでも尊敬する教師であった。

ヘルマンは私の学生時代の無二の教師であった。ほぼ二十年前ベルリンで初めて彼の『倫理学』を読んだ日をあたかも今日のように思い出す。もし私がクラウス・ハルムスのような気質をもっているなら、彼がシュライエルマッハーについて言ったのと同じようなこと、あるいはシュティリングがヘルダーについて言ったのと同じようなことを言うかもしれない。「私はこの書物から、無限の運動へと私を駆り立てるような衝撃をうけた」。私は、控え目にではあるが少なからざる感謝をもって次のよ

ヴィルヘルム・ヘルマン

うに言いたい。その時以来私はヘルマンの神学に独自の注意を払ってきたと思う、と。マールブルクにやってきた時、すでに私は確信あるマールブルク学派の人間であった。そして、私がはじめて牧会に入った日、説教壇に登る五分前に、当時新しく出た『倫理学』の第四版が著者からの寄贈として郵便で手もとに届いた時、私はこの一致を私の未来の全生活にたいする祝福としてうけとったのであった。私は間違っていたであろうか。私は実際、年とともにいくぶん風変りなヘルマンの弟子になったことを否定することはできない。……しかし、私がヘルマンからまったく離れてしまったということを、私は心のなかで承認することはできなかったし、今日も承認することはできない。一般的に言って、また特に神学において、真の教師の真の弟子であるとは本来どういうことかについて、学者たちはまだ決して一致してはいない。しかし、私にとって明らかなことは、ヘルマンが私に根本的なことを語ってくれたということである。ただ、その根本的なことを問いつめていった時に、やがて私はそれ以外のすべてのことをまったく違ったふうに語らざるをえなかったし、最後にはあの根本的なことさえも彼とはまったく違ったふうに語らざるをえなかったのである。[2]

なおこれらの大学の教師以外に、バルトが学生時代に影響をうけた人として、クリストフ・ブルームハルト（子）をあげることができるであろう。バルトはその頃、生涯の友となったトゥルナイゼンと知り合っているが、この二人はいっしょにしばしばブルームハルトを訪れている。父のブルームハルトとともに彼のバルトにたいする影響の深さは、「『教会教義学』の各巻、特に『和解論』は、ブルームハルト父子の影響が最も持続的であったことを示している」というゴルヴィツァーの証言によっても知られるであろう。[3]「イエスは勝利者である！」という言葉を生み出した父ブルームハルトの終末論的な信仰の影響下に

クリストフ・ブルームハルト

育ち、その信仰的誠実さのおもむくところ、一時は社会民主党に身を投じたが、やがてまた聖書の単純な使信に帰った子ブルームハルトから、主はすでにこの世に勝ち給うたのであり、神の国はすでにこの地上に到来していることを、バルトは学んだのであった。

（1）Union Seminary Quarterly Review, Ma. 1957, S. 107.
（2）Barth, K., Die Theologie und die Kirche, 1928, S. 240 ff.
（3）ゴルヴィツァー編・鈴木正久訳『K・バルト教会教義学』二〇頁。

2　『ローマ書』

一九〇九年、バルトは大学を終えるとジュネーブの改革派教会の副牧師に就任し、二年後ザーフェンヴィルという片田舎の教会の牧師となり、そこで十年ほど過ごすことになる。この時期がいわばバルト神学の揺籃期である。彼がまずここで取り組んだのは、毎日曜行なう説教という課題であった。トゥルナイゼンによれば、[1]その頃バルトは聖日ごとの説教をノートに克明に書いた――説教の時は、ノートを読むのではなく、自由に力強くその内容を訴えた――ということである。[2] われわれは、彼の神学的立場の形成期において、十年にわたるこのような知られざる説教の労苦があったということを忘れてはならない。しかもバルトがここで労苦したのは、単に説教上の技術的な問題ではなくして、すぐれて神学的な問題であり、この問題と取り組むうちに自己の神学的立場の再検討を余儀なくされ、やがてそれが新しい神学的立場の形成への無限の刺戟となっていくのである。

> 私は十二年間あなた方すべてのように牧師であった。そして、私は私の神学をもっていた。と言っても、もちろん私自身の神学ではなくて、私の忘れ難い教師ヴィルヘルム・ヘルマンの神学であり、それを、私の故郷で与えられ意識的というよりは無意識的にうけついだ改革派の立場――その立場に今日私は職務上からも立っているし、その当時も進んで立った――に接木したものであった。この私の神学的な思惟の習性とはかかわりなしに、私はあらゆる事情を通じてますますつよく説教という牧師特有の問題に突きあたることになり、あなた方すべてがよくご存じのよう

に、一方では人間の生の問題、他方では聖書の内容というこの二つのものの間にあって、正しい道を見出そうとつとめたのであった。生の未聞の矛盾の中にある人間に向かって私は牧師として語らねばならなかったが、しかし私はまたこの生の矛盾に一つの新しい謎として対立する聖書の同じく未聞の使信についても、語らねばならなかった。非常にしばしば、生と聖書というこの二つのものは、スキラとカリブディス[3]のように私の前に現われた（そして今も現われている！）。こうしたことが、キリスト教的宣教の「どこから」と「どこへ」ということであるならば、どういう人が牧師であるべきであり、またありうるのであり、どういう人が説教をなすべきであり、またなしうるのであろうか[4]。

バルトはこうした問題に直面して、あらためて聖書研究に向かっていく。そしてそれが、バルト神学の出発点となったあの歴史的な書物、『ローマ書』へと結晶するのである。

土曜日の机の前での、日曜日の講壇での、牧師の状況は、凝集してあらゆる神学のあの傍註となり、最後に「ローマ書」全体の講解という厖大な形のものとなった。[5]

しかし、バルトが直面した説教の問題は、同時に彼を神学そのものの性格についての反省へと導かずにはいなかった。彼は、『ローマ書』を書いたということについて、さらに次のようにいう。

> しかし、それは私があの危機的状況からの出口を見出したというようなことではなかった。まったくそうではなかった。私には、この危機的状況そのものが、あらゆる神学の本質の説明となったのである。神学は、牧師のこの出口のない状況と問題以外の何であろうか。人間がこの課題に近づく時に陥る窮境の、できるだけ真実な叙述以外の何であろうか。それゆえに、大いなる困窮と大いなる希望から発せられる救助への呼びかけ以外の何であろうか。……神学は、結局、このキリスト教的説教者の困窮と約束に満ちた状況についての知識以外のものであろうとしない方が、神学自身の健全さのためにもよいのではなかろうか。それ以上のすべてのことは、

この知識からおのずから必然的に出てくるのではなかろうか。この問いに駆り立てられて――私はもう一度問う。それは単に私の偶然的な問いであろうか――私は「ローマ書」の研究に従事したのであった。それは、初めはただ私自身をよく理解しようという試みのつもりであった。もちろん、今ではこの書物のなかに非常に多くの一見まったく別のもの、すなわち新約学や教義学や倫理学や哲学などが存在しているが、あなた方はこの書物のすべての頁から「説教するとはどういうことか」という牧師の問いを、また、「どのように説教するか」ではなく、「どうしたら説教できるか」という牧師の問いを聞き出す時に、最もよくこの書物を理解しているのである。(6)

ザーフェンヴィルで。左からネリー、マルクース、バルト、フランツィスカ（1916 年）

説教の問題から神学概念自体を再吟味しつつ『ローマ書』へ。これが、青年バルトのザーフェンヴィルにおける神学的苦闘の道程である。しかし、彼の『ローマ書』の出現に至るまでの彼の道程として、なおほかにわれわれは、バルトの宗教的社会主義への接近とそれからの脱却について語る必要があるであろう。

本書に訳出された三つの文章からも分るように、バルトは元来社会意識、ないし政治意識の強烈な所有者である。あの文章では、バルトは大体二つの角度から彼の後半生を語っているといってよいであろう。一つは、ナチスの台頭から第二次世界大戦を経て、さらに戦後の「冷い戦争」に至る政治的激動のなかで、バルトがこれにどのように対処したかということであり、今一つは、この期間に『教会教義学』の完成を彼の本来の使命と考え、そのためにいかに倦むことなく努力してきたかということである。しかも、この二つはまったく無関係に進行したのではない。一方では、彼の政治的意見や行動がその神学的立場との密接な連関において生み出されると同時に、他方その神学的思惟は政治的状況との緊張のなかで、特にドイツ教会闘争の体験によって刺戟され、揺り動かされ、深められながら展開していったのである。

ザーフェンヴィル時代のバルトにおいても、この二つは強い緊張の中にあったということができる。ザーフェンヴィルで――当時彼の教会員の大部分はその村にある三つの工場で働いていた――労働組合運動に参加し、ストライキを指導し、一九一五年には社会民主党に入党した若きバルト、トゥルナイゼンによれば、聖書のほかに新聞を熱心に読み、聖書と時代の出来事とを常に関連させて考えていた若きバルト(7)(8)――それは後年ナチズムと戦うバルトと別人ではない。しかし、後の彼を理解する上からも極めて重要なのは、当時彼がラガツやクッターなどのスイス宗教的社会主義の影響下にあったということである。（バルトとは異質の神学者ティリッヒも、同じく宗教的社会主義者であったし、最後までそうであった。）しかし、彼はティリッヒと異なってやがて宗教的社会主義から離れていく。この過程は、同時に倫理を終末論的な立場から考え直すということであり、文化プロテスタンティズムへの批判としての弁証法神学へとつながっていくのである(9)。彼は後年自らが宗教的社会主義と訣別した理由を次のように説明している。

（一中国人の神の国の地上的現実性に関する質問に対する答え）……しかし御注意願いたいが、私はかつては宗教的社会主義者であった。そしてそれから離れたのである。それは、そこでは人間の困窮と人間にたいする助けとが、聖書が理解しているほどには、真剣に理解されていないということを、見るように思ったからである。私は、あなたが提起されたことにたいして否と言おうとは思わない。私は然りと言いたいと思う。ただ私はあなたに、すべてのことをもっとずっと真剣に考えることをお願いしたいと思う。われわれが聖書を読む場合、われわれは歴史の一片をのぞきこむのである。そこでは、不正や流血などについても、多くのことを読むことができる。しかし不思議にもそういうことは、そこでは絶対に声高に語られてはいない。かえってそこでは、人間について極めて端的に「人間は失われた者であり、その罪のなかに死せる者である」ということが、述べられている。この言葉によって、すべてのことは語られている。この言葉によって、困窮は真剣に考えられている。なぜかといえば、この言葉によって困窮は、神から遠ざかり、神にさからい、そのいっさいの行為において神の敵である者の困窮として、理解されているからである。そして、ここでは神自身が代理し給うのであるから、助けもまた徹底的な助けとして理解されている。[10]

以上のようなプロセスを経て、一九一九年に『ローマ書』がいよいよ人々の前に姿を現わすことになる。この書が当時の神学界に与えた震憾的な影響については、これまでも日本でしばしば語られてきた。たしかにそれは十九世紀を支配した自由主義神学、文化プロテスタンティズム、人間中心主義、楽観主義、進歩思想、内在主義等にたいする根本的な批判であり、人々をしてキリスト教の使信について根底から新しく考え直させずにいないものであった。実際この書の出現以後、ヨーロッパの神学界の空気は目に見えて変わっていくのであり、この意味において本書は神学史上一つの時期を画したものであった。

もっとも、この書が一般に読まれたし、今も読まれているのは、第一版ではなくして一九二二年にまったく書き改められた第二版である。バルトは、書き改めた理由として次の四つをあげている。(1) パウロ研究の継続、(2) オーファーベック、(3) プラトンおよびカントの思想の本来の意図についてより正しい知識を得たことと、新約聖書の理解のためにキェルケゴールやドストエフスキーから学ぶべき事柄についてより多く注意するに至ったこと、(4)初版の反響の厳密な検討。もちろん、われわれが、いま『ローマ書』を読むとすれば第二版に拠るべきである。

この書は、新約聖書の「ローマ書」の註解の形をとっているけれども、いうまでもなく歴史的・批評的研究からの註解ではない。しかし、彼自身の神学思想を恣意的に「ローマ書」のなかに読みこんでいるという批評には、バルトは抵抗する。彼自身としては、「パウロの言葉に私自身を服従させようとした」のであり、「パウロの『ローマ書』を真実に解釈しようとした」のにほかならない。彼は、自己の聖書にたいする態度を説明するために、彼が理解するかぎりでのカルヴァンの態度を引合いに出す。「一世紀と十六世紀との間の壁が見通しになり、パウロがそこで語り、十六世紀の人間がここで聞き、原本と読者との会話がまったくザッヘに集中するまで……テキストと対決する」[11]カルヴァンの態度が、彼の態度でもあるのである。

なお、ドイツ語の読める人は――日本にも立派な翻訳があるが[12]――本書を原文でよむとよい。その強烈で爆発的な文体は、今日でも人々に感銘をあたえずにはいないであろう。まして当時の人々は、バルトを通じて古い聖書の言葉が思いもよらなかった新鮮さで再び人々の心を圧倒する思いをしたのである。しかし、そのような聖書の新しい画期的理解は、すでに引用した彼の言葉が示すように、スイスの一隅の牧師館で無名の牧師が毎週繰り返した聖書との真剣な対話から生まれてきたのであった。

さて、バルトはこの『ローマ書』によって人々の注意を集めるようになり、やがて弁証法神学の運動の発足ともなるのであるが、こうした過程を物語る二つの出来事をなおここに記しておこう。一つは、一九一九年ドイツのタンバッハで開かれた宗教的社会主義協議会である。メルツによれば(13)、バルトはそれまでドイツではまったく知られていない存在であった。たまたまマールブルクで学んでいた一人のスイス人——メルツの記憶ではそれがアルフレッド・ケルヴァンであったらしい——の紹介で、バルトは講師として招かれたのであった。その時彼がここで行なった講演は、「社会の中のキリ

1919年夏、ザースフェーにて。
タンバッハ講演の直前の頃。

左からゴーガルテン、トゥルナイゼン、バルト

スト者」という題で、『神の言葉と神学』（一九二四年）のなかにおさめられている。この協議会には、バルトとともにトゥルナイゼンもスイスから出席したが、同時にやがて弁証法神学運動の僚友となったゴーガルテンもまた参加していた。この神学運動の出発点は、一九二二年バルト、トゥルナイゼン、ゴーガルテン、メルツらによって発刊された雑誌『時の間』（Zwischen den Zeiten）——この名前はトゥルナイゼンの発案であったといわれる——にあるといってよいであろうが、そのそもそものきっかけはこのタンバッハの協議会にあったのである。

今一つの出来事は、バルトが一九二〇年アーラウ州の学生協議会で、当時の指導的神学者であり、若きバルトにとっては欝然たる大家であったハルナックと顔を合わせたことである。バルトは、ベルリン大学でハルナックの講筵に列した一人であり、それからまだ十年も経っていなかった。しかし、ハルナックがバルトの講演をきいた時、その娘アグネス・フォン・ツァーン・ハルナックによれば、「ハルナックへの影響は震憾的なものであった。そこには、彼が一致しうる一つの命題・一つの思想も存在しなかった。彼は、バルトの言葉のなかに深い厳粛さを認めたが、しかしこの神学にたいして彼は戦慄を感じたのであった。彼はのちにエーベルハルト・フィッシャーに書いた。『バルトの講演は、深刻な衝撃として私の記憶から……少しも消えていない……。それどころか、それはますますいかがわしいもの、それどころか、多くの点で腹立たしいものに思えて来ている。この種の宗教は実際の生活のなかに決して移されえず、ただ隕石として、しかも炸烈する隕石としてのみ実際の生活の上方に現われるのだというふうに考えてみても、それは上のような印象を和らげはしない。というのは、牧会者（Seelsorger）であるべき牧師がどうしてあんなふうに判断しうるかを、人は繰り返し問わねばならないであろうから』」[14]。

ハルナックは、その後もなお二、三年バルトを見守っていた。そして一九二三年には、「神学者のなかで学術的神学（wissenschaftliche Theologie）を軽蔑する者への十五の問い」をバルトに向け、バルトもまたこれにこたえて、両者の間に二、三の応酬が行なわれた。しかし、娘アグネス・フォン・ツァーン・ハルナックの言うように、この対決においても、かつてのアーラウの場合と同様に、両者は一つも共通な命題を持つことはできなかった。

（1）Antwort（バルト七〇歳誕生記念献呈論文集）、1956, S. 831.

（2）この当時彼が行なった説教の片鱗は、『神を求めよ、さらば生くべし』（一九一七年、小山訳）や、『創り主なる御霊よ、来りませ』（一九二四年、井上訳）などの説教にうかがうことができる。

（3）スキラは、シシリー島とイタリア本土の間のメッシナ海峡にある岩。カリブディスはその前方にある渦巻き。両難にはさまれて進退きわまった状態。ホーマーの『オデッセー』に由来する。

（4）Barth, K., Das Wort Gottes und die Theologie, 1924, S. 101.（邦訳あり）

（5）同書一〇一頁以下。

（6）同書一〇二頁以下。

（7）Casalis, G., Karl Barth (übersetzt von M. Casalis-Thurneysen), 1960, S. 19f.

（8）Antwort, S. 832 f.

（9）もっとも、文化プロテスタンティズムを、近代市民文化へのプロテスタンティズムの適応の試みというふうに考えれば、宗教的社会主義も文化プロテスタンティズムへの批判の契機をふくんでいる。しかし、バルトの終末論的な立場からすれば、両者は同じ種類の批判を免れない。なお、バルトとスイス宗教的社会主義との関係については、拙稿「スイス宗教的社会主義からカール・バルトへ」（阿部志郎編『キリスト教と社会思想』一九五五年）を見よ。

（10）バルト・井上良雄訳『啓示・教会・神学』昭和二四年、九二頁以下。

（11）Barth, K., Der Römerbrief, 4 Aufl. 1926, 序言一一頁。

（12）吉村善夫訳『ロマ書』上（昭二七）下（昭三一）。

（13）Merz, G., Die Begegnung Karl Barths mit der deutschen Theologie (Kerygma und Dogma, 2, 1956), S. 157 f.

（14）Zahn-Harnack, Agnes von, Adolf von Harnack, 1951, S. 414 f.

3 『教会教義学』へ

一九二一年、バルトは「改革派寄付講座の嘱託教授」としてゲッティンゲンに招かれる。ここでバルトは十二年間の牧会生活に別れを告げ、神学教授としての道を歩み始めるのである。すでに述べたように、翌年には『時の間』が発刊され、さらに前述の人々のほかにブルンナーやブルトマンなども加わり、このようにして弁証法神学――それは他から与えられた名称であるが――は、ヨーロッパ神学界における無視しえない存在として成長していくが、これとともにバルト自身もまた次第にクローズアップされてくる。二六年にはミュンスター大学の教授として迎えられ、さらに三〇年にはボン大学の招聘をうけるようになる。

このゲッティンゲンからボンに至る約十年間を振り返る時、後年のバルトに比べればこの時期もまだ形成期であると言わねばならない。なるほど、それはザーフェンヴィル時代のような形成期ではなく、一つの立場が明確に打ち出され、走るべき軌道は一応定まったと言ってよいのであるが、しかしそれは十分な成熟に至るための準備の時期という性格を見逃しえない。

まずゲッティンゲン時代の主な著作をみると、一九二二年に『ローマ書』の第二版、二四年に第一論文集『神の言葉と神学』、「コリント前書」の第一五章を中心とした『死人の復活』などがあるが、これらはいずれもザーフェンヴィル時代の延長であり、この時代の雰囲気をただよわせているものである（第一論文集の半分はザーフェンヴィル時代のもの）。したがって、ゲッティンゲンにおいてアカデミック・キャリアを始めた後の特色を出している論文を求めようとするならば、それはむしろ第二論文集『神学と教会』（一九二八年）においてであろう。この書に盛られた諸論文は、『ローマ書』や第一論文集におけるような独特の熱気はそれほど感ぜられない。むしろもっと落ち着いた感じであり、諸論文の題目も

ミュンスター大学在職中の頃。

近代神学史に関する研究が一番多く、そのほかルターに関するものやカトリシズムに関するものが注意をひく。このルターとカトリシズムについては、特にゲッティンゲンにおけるバルトの環境との関連を考えうるであろう。彼自身は改革派的背景をもつものであり、ゲッティンゲンでは特にアメリカの長老教会の寄付による改革派の教義学の教授に招かれたのであるが、それだけにここでの彼の新しい経験と言えば、一つはルター派との出会いであり、今一つはカトリックの神学者たちとの接触であった。(1) 前者については、特にヒルシュとの出会いをあげねばならない。しかし、その師ホルのルター理解に追随するのみならず、オジアンダーに接近し、後年「ドイツ的キリスト者」に傾いていくこの博学の神学者にたいして、バルトはオジアンダーに対立するルターの立場に固執する。総じてゲッティンゲンでのルター派との出会いは、バルトをかえってそれから遠ざからせ、それに反してプシュヴァーラやバルタザールなどのカトリック神学者との接触が、この時代から始まるのである。

彼がミュンスターに移ってからの著作としては、前述の『神学と教会』は別として、『ピリピ書講解』(一九二七年)以外にあまり著作らしいものは見当らない。彼の書いた大部分は、むしろ『時の間』その他に発表した論文である。ただし、それはなお一つの大きな著作を除いての話である。というのは、彼はこの時代に『キリスト教教義学草案』(一九二七年)という大冊を出版しているからである。ゴルヴィツァーによれば、この出版によって、「多くの者は、預言者が今や教義学者になったというショックを感じた!」[2]たしかにあの『ローマ書』が世に出た頃のバルトには、教義学の体系建設に向かう様子はみられなかった。むしろ、バルトにとって、神学とは「修正の神学」「傍註の神学」「少量のシナモン」にすぎなかった。

私はあなた方に正直に告白しなければならない。いずれにせよ、私が「私の神学」とよびうるものは、厳密に観察するかぎり、結局一個の点において成立するのであり、それは正しい神学からならば少なくとも要求することをゆるされる立脚点でさえなく、人が立つことの不可能な数学的点であり、単に視点にすぎない。正しい神学に付属している他のすべてのことは私の場合まったく端緒の状態にあり、いつか私がそれを越えることがあるのかどうか、いな、それを越えることをただ望むにとどめるべきかどうかさえ知らない。それゆえ、私は実際のところ、神学のプログラムや体系の偉大な尊敬すべき創始者が果たした、また今なお果たしつつあるものの傍に、それに匹敵するもの、あるいはただ同じ標準で量りうるというだけのものさえ置こうとするのではない。あなた方は、神学的論議への私の寄与を、私が本日言いたいと思っていることをふくめて、積極神学、自由主義神学、リッチュル神学、宗教史学派の神学と競い合う企てとしてではなく、一種の脚註・傍註と解していただきたい。それはそれなりにこれらの神学と協調したりしなかったりするが、しかし脚註以上のものであろうとしたり、空間を満たすものとしてほかの神学の傍に並ぶ新しい神学であろうとしたりする瞬間に、その意味を失うのである。トゥルナイゼンやゴーガルテンや私が、実際周知の意味で「学派」を形成するつもりなら、われわれはすでに完了している。どなたも自分の学派の下に、自分の教師の下にとどまっていてほしい。ただ、あの傍註の中にとにかくふくまれている重要なものを、「修正」として、キェルケゴールの言葉を使えば、料理に添えられた「少量のシナモン」として、受け入れてほしいというのが私の考えである。(3)

このようなバルトの立場が、今や修正を余儀なくされるのである。彼は『キリスト教教義学』の序文において、その点について大略次のように弁明する。あの時の彼は、ちょうど教会の塔の暗い階段をのぼっていった人が、自分の体を安定させるために手すりにつかまろうとして、その代りに鐘を鳴らす綱をつかんでしまったようなものである。突然鳴り出した鐘の音に実は彼自身驚いたのである。しかし、彼はもともと鐘を鳴らそうとしたわけではなかった。

私のこれまでの仕事がここかしこで傍註や修正としての作用をしてきたし、なおするとしても、それは私の意図ではあり得なかったし、またあり得ない。私は、神の言葉ではなく、せいぜい『神の言葉の教説』（eine "Lehre von Wort Gottes"）を取り扱いうる普通の神学者であったし、またあるのであり、預言者の身振りや突撃の姿勢を保つ資格も義務もあるとは感じていない。ただ、周知の如く、少教の人々が一瞬そのような姿勢の私を見、またそれを繰り返し見ることによって彼らの喜びと慰めにしたいと思ったのであり、そこからすべての神学者が避けられないように私も、神の言葉から、すなわち〈神の国の真理と現実〉から〈一つの神学をつくり出す〉かのような悪しき様相を呈せざるをえなかったし、またえないのである。[4]

つまり、教義学者としてのバルトの出現にショックをうけた人々は、預言者としてのバルトの印象にひきずられすぎた人々であった。彼は元来一つの神学を提供する普通の神学者以上のものであろうとしたわけではなかったというのである。

しかし、バルトの神学的生涯にとってさらに画期的なことは、この『キリスト教教義学』を五年後に徹底的に書き変えることである。そして、これを『教会教義学』（一九三二年）と改題して世に送り出す。これが現在の姿におけるバルト神学の出発点である。彼はなぜ最初の教義学の企てを書き変えねばならなかったのだろうか。バルトによれば、それはなお『キリスト教教義学』のなかに見出される実存主義的要素を徹底的に清算するためである。なるほど『キリスト教教義学』においてもいっさいの神学的思惟の基礎としての神の言葉が強調され、すべては神の言葉に集中されているようにみえる。しかし、なおそこにはキェルケゴール風の実存弁証法が見出され、それが啓示の前提として、またその相関物とされているのである。バルトは、ここに新プロテスタンティズム特有の自然神学を見出さざるをえない。シュライエルマッハー以来、何らかの人間学の上に神学を基礎づけることは、新プロテスタンティズムの神学においてくり返し見出される現象であり、自然神学の近代版にほかならない。それゆえ、『教会教義学』においては、神学をあらゆる人間学的前提から解放し、ひたすら神の言葉の上に基礎づけるということが、より徹底した形で遂行される。これが、「キリスト論的集中」といわれるものである。

彼はこのような神学的立場をつよく打ち出したことによって、今やゴーガルテンとブルンナーという二人の僚友と意見を異にすることになる。なぜなら、ゴーガルテンは「本来的人間学」の上に神学を築こうとし、バルトの「キリスト教教義学」にたいして人間学的基礎づけが十分でないという批判を向けるほどであり、他方ブルンナーは啓示と人間理性の結合点を仮定し、「神の像」という言葉のなかに神認識への人間の内在的可能性を読みこむ自然神学を提唱するからである。特に後者の場合は、ブルンナーが『自然と恩寵』（一九三四年）という書物によって、かねてからの自己にたいするバルトの批判を反駁すると、バルトはそれにたいして直ちに『否！　エーミル・ブルンナーへの答え』を出してはげしく応酬し、これが発端となって、自然神学に関する論議がさかんに西欧の神学界において行なわれることになるのである。

しかし、『教会教義学』第一巻の成立前後において見逃してはならない書物は、この『否！』ではなくして、バルトもいうように、むしろ彼の『知解を求める信仰――アンセルムスの神の存在の証明』（一九三一年）である。この書は、バルトにおいてちょうどデカルトの『方法叙説』にあたる書物であり、これによって『教会教義学』の走るべき軌道は決定されたのである。というのは、バルトは一方において、実存主義的要素を清算して、キリスト論的集中を深め、他方において、アンセルムスから神学的思惟の方法を学ぶことによって、教義学を再構築する道を打ちたてることになったからである。『キリスト教教義学』から五年、一九三二年、ようやくにして、かれは『教会教義学』Ｉ／１を世に送り出すに至るのである。

バルトによれば、アンセルムスにおいては、知解が信仰の前提ではなくて信仰から知解へと進む。信仰には知解が内在しているのであり、信仰は知解へと進むべくよびかけられる。しかし、その信仰は漠然と神を信ずることではなく、神の言葉を正しく伝える人間の言葉を受容するところから生ずる。この人間の言葉には聖書や教義が含まれている。すなわちcredereはCredoを受け容れるところから始まる。しかしそれは、Credoの論理的文法的に表現された意味連関を知る（Kenntnisnahme）ことだけではない。それなら不信仰者にも可能である。しかしCredoが意味するザッヘ（res）は人間に固有なものではなく、不信仰者は理解しえない。信仰はそれ以上のこと、すなわちCredoを真として肯定することである。この単に知ることと肯定との間を歩むことが信仰の知解ということである。それはCredoですでに言われていることを追考することであり、Credoの外的テキストから、それが含んでいる内的テキストに進むという意味で、文字通りintus-legere〈内部ニ立チ入ッテ読ム〉である。別言すれば、Credoから出発して、その中に含まれる「信仰の秘義の神学的概念性に近づいていく」ことである。かくて次のようにいえる。神学は信仰に始まって信仰に終る。信仰が到達した知解もまた信仰の性格をもつ。神学は信仰以外のところに出発点をもたない。すなわち、信仰の外に見出される何らかの哲学的原理によって信仰を解釈するのではない。それは自由主義神学者の道である。といって実証主義神学者のように Credo にとどまるのでもない。Credo から出発するが、知性の犠牲を求めない。どこまでも Credo の中に含まれる内的テキストを求めていくのである。

このようにして、『教会教義学』の道は備えられる。残された課題は、この道をまっすぐに進みながら、十分な結実へともたらすことである。

(1) Merz, op. cit., S. 16 f.
(2) ゴルヴィツァー編・鈴木正久訳『K・バルト教会教義学』二四頁。
(3) Barth, K., Das Wort Gottes und die Theologie, S. 99 f.
(4) Idem, Die christliche Dogmatik in Entwurf, 1927, Vorwort IX.

4 ナチズムとの対決

以上のように彼が『教会教義学』と取り組んでいる間、彼はまた他方においてナチズムの台頭がもたらしたヨーロッパの政治的激動に身をさらさねばならなかった。それはヒトラーが政権をとった一九三三年とともに始まる。当時、ドイツにはナチスの支援の下にすでにキリスト教とゲルマン主義とを結合しようとする「ドイツ的キリスト者」の運動が起こっていた。ナチスは、これを通じて教会を画一化し、ナチスの道具たらしめようとする強引な教会政策を推進するのである。

ではドイツ的キリスト者は具体的には何を要求したか。（1）教会政治の面では二十八の州教会を一つの帝国教会に統合すること、州教会会議（Synoden）の廃止、教会への「指導者原理」の導入、ユダヤ人を排斥する「アーリア条項」の教会への適用。（2）神学的にはキリスト教のゲルマン化、教会と民族および政治との密接な結合、反ユダヤ主義の神学への導入（キリスト教からあらゆるユダヤ的要素を排除する。たとえばイエスをユダヤ教から切り離し、いわゆるアーリア的イエスを主張した）。啓示の概念を、歴史の進行過程に、特に一九三三年以来のドイツの政治史に適用すること。（3）教会の実践面では説教、典礼、教育からの（新約聖書の本文からさえも）あらゆるユダヤ的要素の排除、あらゆる非アーリア的要素から「清められた」教会の建設などである。[1]

このようなドイツ的キリスト者の運動を通じて行なわれたナチスの教会政策にたいし

ヒトラーと帝国監督ミュラー

て、教会の側からも種々様々な程度において反対運動が起こってきた。最も代表的なものは、ニーメラーを中心とする「牧師緊急同盟」である。またより慎重に徐々に進められたものとして、ヴルム、マイザーらのルター派の監督たちの反対運動がある。さらには、ある面ではドイツ的キリスト者に近づくように見えながら、「アーリア条項」の適用などにははっきり反対したルター派の神学者たちなどもいる。しかし、ナチスの教会干渉がますます露骨になるにつれて、やがて教会側においても、ナチスの傀儡である帝国監督ルートヴィッヒ・ミュラーによって代表される帝国教会に対抗して、それ自身の教会会議（Synode）、教会統治、神学校をもつ別個の帝国教会、すなわち信仰告白帝国教会の創立を企てるようになった。

一九三四年三月、ヴェストファリアの信仰告白会議はその最初の試みであり、やがて同五月のバルメン（ヴッパータール）において第一回の信仰告白教会会議が開かれ（第二回は同年十月ベルリン―ダーレムで）、ここに（信仰）告白教会の誕生となるのである。かくて帝国教会は二つに分裂することになったが、それとともに告白教会にたいしてあらゆる弾圧が加えられるようになり、一九三五年には一時約五百人の牧師が拘禁され、三九年初頭までに全部で七千に及ぶ告発状が出された。

さて、このような状況のなかでバルトはどのように行動したであろうか。まずあの決定的な年一九三三年の六月、バルトはトゥルナイゼンと共に『時の間』とは別に『今日の神学的実存』双書を発刊する。第一巻は、バルトみずからの筆になるこの双書と同じ題名の『今日の神学的実存！』である。（もともと本書は単行本として書かれたものらしい。）それはドイツ的キリスト者にたいする極めて激烈な攻撃の書であり――カサリスは、二十世紀の教会的実存のためのマニフェストとして、十六世紀のルターの九十五個条提題に比すべきであるという――またこの書が強い反響を呼んだことは、一ヵ月の間に一万七千部出たということで明らかである。バルトはそのなかで次のように書いている。

われわれは、特に教会の説教者および教師として、次の点に関して一致していることに、喜びと同時に、しかしまた畏れをも感じるものである。すなわち、われわれは説教と教えによって、教会において、またこの世において、神の言葉に奉仕すべく召されているのであり、この召命の成就とともにわれわれが立ちもし倒れもするのみならず、およそこの世において重要なもの、愛すべきもの、偉大なものもすべて立ちもし倒れもするのであり、それゆえ、われわれの奉仕にたいする憂慮ほど切実な憂慮はなく、またこの奉仕についての希望ほど感動的な希望はなく、この奉仕においてわれわれを助ける人ほど愛すべき友はなく、この奉仕においてわれわれを妨げる者ほど憎むべき敵はない。……そのことに関してわれわれは一致している。そうでなければ、われわれは教会の説教者でも教師でもない……。

神の言葉へのわれわれの拘束と神の言葉の奉仕にわれわれが召されていることの重大性が、今日失われる可能性がある。……なぜならば、われわれがほかの要求の力のゆえにもはや神の言葉の要求の強さと排他性そのものを理解せず、それと同時にこの神の言葉を即座にはもはや決して理解しないということ、われわれが四方から迫ってくる危険におびえてもはや神の言葉の力に全的には信頼せず、八方手を尽くして神の言葉を助けねばならないと考え、かくして神の言葉の勝利への信頼を全く放棄してしまうということ、われわれがある「支配・権威・権力」の荒々しい印象に圧倒されて、神の言葉以外のどこかに神を求め、そのことによっていささかも神を求める人間ではなくなるということが、あらゆる可能な形態の下に現われる今日の強力な誘惑であるからである。……今こそ次のように言うべき時である。われわれは今や一人一人神の言葉によってわれわれを生み出した教会に、われわれが召されたこの比類のない場所にとどまらねばならない。あるいは、教会へ、われわれが召されたこの場所へ帰らねばならない――どのような事情があろうとも、ほかのあらゆる顧慮や願望を後回しにしても、あらゆる犠牲をはらっても。……

イエス・キリストが、しかも彼のみが指導者であることが理解されているところにのみ神学的実存がある。……神学的実存のないところには、命ぜられた奉仕において指導者であることの代りに教会の指導者が呼び求められるところでは、指導者を求めるあらゆる呼びかけは、バアルに仕える坊主どもの「バアルよ、われわれの

バルメン宣言が採択された
ゲマルケ教会

願いを聞き上げよ」という叫びと同様に空しいものである！[2]

バルトはさらに『今日の神学的実存』双書第二編として、『福音の自由のために』を書く。これもまた同じくドイツ的キリスト者とナチスの教会政策にたいする抵抗の書にほかならない。なぜなら、それは特に教会の教職への「アーリア条項」の適用にたいする抗議であるからである。この時は前述の「牧師緊急同盟」はもちろん、マールブルク大学神学部教授団、エルランゲン大学神学部教授団なども反対したが、バルトもトゥルナイゼンとともにこの書によって多くの人々によびかけ、多くの賛同者を得たのであった。

またバルトは一九三四年の初頭、バルメンにおける「自由改革派信仰告白会議」に出席する。それは、改革派に属する百六十七の教会と三百二十名の牧師および信徒が集まって開かれた。そこで「今日のドイツ福音主義教会における、宗教改革的諸信仰の正しい理解についての声明」が発せられたが、この声明を起草したのはバルトであった。

そして最後に信仰告白会議の頂点であり、いわゆる「告白教会」の出発点となったバルメン宣言の起草に、バルトが参加することになる。その要点を述べれば次の如くである。

1　聖書に証しされているイエス・キリストは、われわれが聴くべき、生と死において信頼し服従すべき神の唯一の言葉である。
われわれは教会が宣教の源として、神のこの唯一の言葉の外に、またその傍に、なおほかの出来事や力、形態や真理を神の啓示として承認しうるとか、承認しなければならないとかいう誤った教えを退ける。

2　イエス・キリストはわれわれすべての罪の赦しの呼びかけであると同時に、それと同じ厳粛さにおいて、われわれの全生活にたいする力ある要求でもある。彼によって、われわれは、この世の神なき束縛から神の被造物への自由な感謝にみちた奉仕への喜ばしい解放をあたえられる。
われわれがイエス・キリストのものではなくて、ほかの主のものであるような領域があるとか、彼による義認と聖化を必要としない領域があるとかいうような誤った教えを、われわれは退ける。

3　キリスト教会は、イエス・キリストが主として、言葉とサクラメントにおいて、聖霊によって、現在働き給う兄弟たちの共同体である。キリスト教会は、その信仰によっても、その服従によっても、またその使信によっても、罪の世の只中にあるその秩序によっても、恩寵をうけた罪人の教会として、自己がただキリストの所有であり、彼の現われ給うのを待ち望みつつ、彼の慰めと指示によってのみ生き、また生きたいと願っていることを証ししなければならない。

われわれは教会がその使信と秩序の形態をその恣意にゆだねたり、その時々の支配的な世界観的・政治的確信の交替にゆだねることをゆるすような誤った教えを退ける。

4　教会における種々の職務は、一方の他方にたいする支配に基礎を与えるものではなく、全教団《ゲマインデ》にゆだねられ、命ぜられている奉仕の実行に基礎を与えるものである。

われわれは、教会がこの奉仕の外に支配権を備えた特別な指導者に服従しうるし、服従することをゆるされるというような誤った教えを退ける。

5　聖書は、教会もそのなかにある未だ救われないこの世にあって、人間的な洞察と能力の量に従って、権力の威嚇と行使の下で、正義と平和のために配慮するという課題を、神の定めに従ってもっている、とわれわれに語る。教会は神にたいする感謝と畏れのうちに、このような神の定めの恩寵を承認する。教会は神の国、神の誡命と義を想起し、それとともに統治者と被統治者の責任を想起する。教会は、神がそれによってすべてのものを支え給う御言葉の力に信頼し、服従する。

われわれは、国家がその特別の委託をこえて人間生活の唯一の全体的な秩序となり、それゆえに教会の使命をも満たすべきであるとか、また満たしうるとかいう誤った教えを退ける。

われわれは教会がその特別な委託をこえて、国家的性格、国家的課題、国家的価値を摂取し、かくしてそれ自身国家の機関となるべきであるとか、なりうるとかいう誤った教えを退ける。

6　そこでこそ教会の自由が基礎づけられている教会への委託は、キリストに代って、それゆえ、説教とサクラメントによってキリスト自身の言葉と業とに奉仕しつつ、神の自由な恩寵の使信をすべての人々に伝えるということにある。

われわれは、教会が人間の専横なやり方で主の言葉と業を勝手に選んだ願望や目的や計画に奉仕させるかのような誤った教えを退ける。(3)

このようにしてドイツ教会闘争に積極的に参加している間に、ナチスの弾圧の手はバルト自身の上にも及んでくる。一九三四年の暮、ヒトラーへの忠誠誓約文に、「私が一人の福音主義キリスト者として責任を負いうるかぎり」という一句を挿入しようとして官吏服務令により停職となり、翌年春ボンを去ることを余儀なくされる。かくて生地のバーゼルに帰り、そこでの神学部教授に迎えられた彼は、これまでになく彼にゆるされた十分な時間を利用して、新聞、雑誌、講演、説教等あらゆる機会を通じて、ナチスにたいする抵抗運動を精力的に実行する。彼の言葉は、単にスイスやドイツに向けられたのではない。彼は、ナチスにおびやかされていた、またナチスと戦っていた多くの国々の人々に手紙を書く。あのミュンヘン協定によってチェコがドイツに編入される直前、バルトはチェコのフロマートカ教授に手紙を送り、「ここで戦い苦しんでいるすべてのチェコの兵隊は、われわれのためにも――私は今日何の留保もなしにいうが――キリストの教会のために戦い苦しんでいるのだ」[4]と書く。三九年の九月には、フランスのプロテスタントに手紙を書き、彼らに警戒を勧め、かつ彼らをはげましている。四一年にはイギリスに、四二年四月にはノルウェーに、同年七月にはオランダに、同年十月にはアメリカにあてて同様な手紙を書いている。そして一九四四年、『一つのスイスの声』（Une voix suisse）という題で一冊の本となって出版されるに至っている。

バルトのドイツ的キリスト者にたいする明確な態度は、同時に当然『時の間』の続刊を中止させるところまで行かないわけに行かなかった。すでに述べたように、バルトは『教会教義学』の第一巻において、ゴーガルテンの立場を批判していたが、一九三三年ゴーガルテンが『福音と民族性は一致するか』を出し、ドイツ的キリスト者への接近が歴然となるに従って、バルトはここに決裂の時期が来たことを自覚し、この年の終り『時の間』に『訣別』という文章を書き、ついにこの雑誌が廃刊となるとともに、弁証法神学の運動も――翌年ブルンナーとの自然神学論争が起こる――解体へと導かれるのである。

私の教義学の第一部を読んだ人は、私がそこでゴーガルテンにたいして向けねばならぬと考えたところの警戒が何であるかを知るであろう。その書物の一二八頁以下に出ている本文は、既に一九三一年の夏出来ていたもので、その時直ちにゴーガルテンに通知したのである。そこでの問題は、ゴーガルテンの主張するように神学を人間学の上に立てるということは、いったい、いかなる点において、カトリシズムや新プロテスタンティズムの自然神学からはっきり区別されうるかという問題である。それにたいする答えを私は決してもらわなかった。しかし、その間に出版された彼の『国家倫理学』を背景として、一九三二年度の雑誌『時の間』のなかに、「国家と教会」および「創造と民族」というゴーガルテンの論文が出たが、これは答えをもらわなかったところの私のあの問いの光に照らしてみると、もはや捨て置き難い憂慮の念を私に充たさせた。歴史にたいする純粋な概念について、また汝と我に関する思想についての研究をもって始められ、そしてますます充実しつつあったところの秩序に関する研究へと進んだ彼の歩みは、いったいどこへ、奈辺に行ったのか。私はいま過去を振り返りつつ問う――ゴーガルテンは、いったいどういう意味で、すでに一九二一年に出た彼の書物『宗教的決断』のはじめに Gratia non tollit naturam sed perficit〔恩寵ハ自然ヲ廃棄セズ、コレヲ完成ス〕というトマスの言葉を掲げたのか、と。その上にさらにまた、われわれの雑誌の中においても外においても、われわれわれの仲間と考えられているエーミル・ブルンナーがある神学の仕方をしているのを見た。その神学の仕方とは、出エジプト記一六・三に出てくる、本当に捨てられたところのエジプトの地における肉鍋に帰ろうとすること、すなわち、新プロテスタンティズムやカトリックの「理性と啓示」についての考え方に――私がわれわれの共通の出発点が何であったかを理解しているかぎりでは――帰ろうとすることである。……[5]。

(1) Heussi, K., Kompendium der Kirchengeschichte, 10 Aufl., 194, 135. なおドイツ教

会闘争全般に関する邦語文献としては、倉松功『ドイツ教会闘争』昭和二九年。
(2) Casalis, G. の引用に拠る。Op. cit., S. 28 f.
(3) Niesel, W. (Hsg.) Bekenntnisschriften und Kirchenordnungen der nach Gottes Wort Reformierten Kirche, 1938, S. 335 f.
(4) Barth, K., Eine Schweizer Stimme, 1945, S. 58.(フランス語版は一九四四年)
(5) バルト・菅円吉訳『神学の根本問題』七二頁以下(一部修正)。

5　戦後冷戦期

戦後のバルトについて語るとすれば、一方ではやはり『教会教義学』の進行を、他方ではまた彼の共産主義にたいする態度と、それがひきおこした反響を取りあげねばならないであろう。

ザーフェンヴィルの教会の牧師としてハルナックと並んで講演した頃のバルトは——一部で名前が知られつつあったとはいえ——ハルナックの前ではまだまだ一地方教会の無名の牧師にすぎなかったが、第二次世界大戦後のバルトは、世界のキリスト教界のなかで押しも押されもしない存在となった観がある。ドイツ教会闘争を通じて、実践的な面でも彼の発言は重きをなすようになったが、特に神学界においては、彼の神学の影響は、ドイツ語圏のキリスト教界のみならず、世界のキリスト教界にひろく深く浸透していくようになった。そして、バルトもまた多くの人々の期待にこたえて、畢生の著作である『教会教義学』の完成を目指して着々著述を進め、一九四五年に「創造論」の第一巻を出したのを皮切りに、四八年には第二巻を、五〇年には第三巻を、五一年には第四巻を出すに至る。バルタザールによれば、この「創造論」において、バルト神学は画期的な展開を示すのである。たしかにバルトが自然神学を排除し、ブルンナーの「神の像」の所説を批判し、いわゆるキリスト論的集中を強調した時、彼に創造論や人間論が果たしてありうるのか、ありうるとすればどのような仕方であるかについて、疑問をもつ向きもないではなかった。し

ニーメラー（右）と（1946 年）。

かし、いっさいの神学的論議をキリスト論の上に基礎づけるという点で、自己の神学的立場を徹底深化した後に、今や天地の創造を論じ、「神の像」について語り、具体的な社会倫理をとりあつかうまでにその幅をひろげてきたのである。ブルンナーが、このようなバルトの展開をみて、そこに「新しいバルト」を見、かつて自分に反対したにもかかわらず結局自分の立場に近づいてきたではないかと言ったのは無理もないことであった。もしバルトが最初からこのような幅をもっていたとするならば、あるいは自然神学論争も避けえたかもしれない。しかし、それにもかかわらず、バルトはブルンナーとは根本的に違った地点から出発していることを、見逃すことはできない。一見ブルンナーの立場に近づいたように見えたとしても、それはむしろバルトが自己の思想の幅を加えたということであり、バルトの思想的成熟以外のものではないのである。

一九五三年からバルトはさらに「和解論」に入っていく。そして五五年に第二巻、五九年に第三巻の1と2を出す。あと残るは倫理を取り扱うはずの第四巻と、終末論を取り扱う「救贖論」というところまで来ている。『教会教義学』の完成を神がバルトにゆるし給うかどうかはわれわれの知るところではない。しかし、この記念碑的な仕事もすでに峠をこしたといってよいであろう。

ところで「創造論」において驚くほど幅を加えたバルトの思想は、「和解論」に入っていっそうの円熟振りを示していることはいうまでもない。この円熟を最も端的に示してくれるのは、七十歳の誕生日の後まもなく行なわれた「神の人間性」というバルトの講演であろう。

彼はまず、彼の友人たちと始めた若き日の神学運動を回顧し批判する。彼によれば、人間の宗教を問題とし、人間中心的であり、人間主義的であった当時の神学界にたいし、聖書のテーマは人間の宗教でも宗教的道徳でも、人間の隠れた神性でもなく、神の神性であるという発見こそ彼らの運動の出発点であった。しかるに、バルトは今やこのような立場はいささか「非人間的」であり、「異端的」(häretisierend) であったとさえ告白する。神の神性、すなわち神は神であるということを主張することにおいて正しかったのであるが、まさにその正しかったところで間違っていたのである。神の神性を正しく認識することを知らなかったのである。

神が誰であり、その神性においていかなる存在であるかということを、神は神だけが独り存在している空虚な空間のなかで証示し啓示するのではなく、まさしく神が人間の相手（Partner）（もちろん絶対的に優越せる相手）として存在し、語り、行為することにおいてこそ証示し啓示するのである。それをなすものは生ける神なのである。それを神がなし給う自由こそ、神の神性なのである。その自由こそ、それ自身人間性の性格をもつ神性なのである。この形式、この形式においてのみ、神の神性の命題は前代のあの神学に対立させられる。たといその弱点がその根底まで見透されるとしてもなお拒否するわけにはいかないこの真理の小片（particula veri）を、軽卒に非難するのではなく、積極的に採用することができるのである。まさに神の正しく理解された神性こそ、神の人間性を開示する。……

われわれはどこからこのことを知るのか。どこからこの命題はゆるされ要求されるのか。それはキリスト論的な命題、むしろキリスト論から基礎づけられ展開される命題である。あの第一の転回後の第二の転回の必然性は、もしわれわれがまさしくそこから、したがって聖書の中心的・全体的な証言のよりよき・より厳密な前提の下に、不可避的となった反対の計画全体を敢行する沈着さを、その当時あらかじめもっていたならば、不必要となったであろう。まさに聖書に証言されているイエス・キリストにおいて、われわれはたしかに抽象的に人間と関係するのではない。すなわち、少しばかりの宗教と宗教的道徳で神なしにも満足でき、それゆえに彼自身神でありうる人間と関係するのではない。しかし、またわれわれは抽象的に神と関係するのでもない。すなわち、その神性において人間から区別されているだけであり、人間から遠く距った無縁な存在であり、それゆえ非人間的（un-menschlich）でないにしても人間的ではない（nicht menschlich）神と関係するのではない……。[1]

バルトの共産主義に対する態度については、本書の彼の文章のなかでもかなり詳しく述べられている。このほかに参考になる文献としては、ハンガリーの旅先で行なった講演『国家秩序の転換裡におけるキリスト教会』（一九四八年）、「東と西」の問題を正面からとりあげた『東と西の間にある教会』（一九四九年）、最近では東独の一牧師への手紙の形で書いた『ドイツ民主共和国の一牧師への手紙』（一九五八年）等であろう。[2]これらにおけるバルトの所説のなかに見出されるいちじるしい特徴は何であろうか。それは、いわゆる自由世界、特に西独に見られる反共運動にたいする終始一貫した批判的態度である。もちろん、こういう態度は現在のところ決して多くの人の支持をうけているのではない。特に共産主義体制と隣り合わせになっている西独では強い反発を招いている。

しかしそれにもかかわらず、バルトはなぜこのような態度を棄てないのであろうか。ニーバーは、バルトが若い時に社会主義者であった――ニーバーもやはりそうだったのであるが――事実と関係があるという。もちろん、バルトはこういう見方に賛成はしないであろう。バルトがナチスとドイツ的キリスト者に反対した時も、その反対する動機を彼の社会主義的背景に見出そうとした人々があった。しかし、その時バルトは彼の反対が決してそのようなものからではなく、もっぱら彼の神学的背景から由来することを力説した。今回もやはり彼は神学的立場からの発言であることを力説する。神の前においては、いかなる社会体制も自己正当化・自己絶対化はゆるされるべきではない。鉄のカーテンの向こう側に共産主義体制固有の悪があるとすれば、カーテンのこちら側にも資本主義体制固有の悪がある。反共の名の下に西欧世界の現状を正当化したり、反共そのものを神聖化することはゆるされない。西側の国家秩序が相対的な意味において神のゆるし給う秩序であるならば、転換裡にある東側の国家秩序もまた相対的な意味において神のゆるし給う秩序なのである。したがって、東側においても西側においても、福音の自由を守るということは反共運動と同一ではない。特に東側のキリスト者においては、新しい国家秩序を相対的な意味においてみとめながら、しかもそのなかで福音の自由を守っていくということになるのである。

では、ナチズムと共産主義にたいしてどうしてバルトは異なった態度をとるのであろうか。ブルンナーは、全体主義であることにおいてはナチズムも共産主義も同じであるとし、ナチズムにおいてあれほど積極的に反対した彼が共産主義にたいしてはそうではないことを非難する。しかし、バルトはナチズムと共産主義を、単に全体主義的であるということによって同一視してはいないようである。バルトにとって、ナチズムは端的に否をいうべき相手でしかない。特にそれがキリスト教を勝手に解釈し偽造し、みずからキリスト教の衣をまとおうとした以上はなおさらである。しかもその当時は、教会のなかにまでも愚かな信奉者や弁護人がいたのであり、西欧全体が必ずしもそれにたいして断乎として反対だったわけではない。それゆえに、ナチズムにたいしては決断と否をいうことだけが必要だった。

しかし、共産主義においては事態はそれほど単純ではない。西欧において、反共産主義的傾向はあまりに顕著なものであって、それと妥協したり協調したりする危険はどこにもない。むしろ危険は別の面に、すなわち反共の名において自由世界を正当化することにこそある。バルトは、今日の反共運動のなかに、キリスト教とは縁もゆかりもない資本主義体制の堕落の自己陰蔽、自己偽瞞を見るだけである。

われわれはここに至って——ニーバーのいうように、若い時の社会主義的背景から由来するかどうかは別として——バルトが西欧の資本主義体制にたいして極めて批判的な立場に立っていることを知るであろう。もちろん、バルトは決して共産主義体制の同調者ではない。それは最初からはっきりしていることであるが、特に最近の『ドイツ民主共和国の一牧師への手紙』はそのことを示している。しかし同時にバルトは、共産主義をナチズムとはまったく違ったある種の必然性をもった現象であると考えているようにみえる。つまり、共産主義の台頭には西欧の自由世界にも責任があるという見解である。

それゆえ、バルトにとっては、資本主義体制が堕落すればするだけ、共産主義は存在の権利をいや応なしに増大させていくのである。そこからして、西側の悪に目をつぶって東側の悪のみを批判し、しかもそれに宗教的な意味さえも盛りこみ、反共運動こそキリスト教会が勝ち抜かねばならない戦いであるとすることほど、危険なことはない。しかも、ナチズムは偽キリスト教的であったのにたいして、共産主義はそうではない。それはむしろ、反キリスト教的というよりは無キリスト教的というべきものであって、それゆえに、今日なすべきことは「抗議」でも「愛する神の特殊利害の代表者として、東部戦線に勢揃いする」ことでもなく、「キリスト教世界が無神論者にたいして、彼らの侮辱、圧迫と迫害に応ずるに、抗議と政治的闘争行為の布告をもって」することでもなく、「あるまったく異質的なもの」、すなわち「聖徒たちの忍耐と信仰」、喜びをもってする堅忍と大胆不敵な信仰告白である。これを遂行する時、「教会は、磐石の上に基を据え、すでに神なしとする者を笑うことができ、無神論者に向い、彼らが聞くと聞かざるとにかかわらず——彼らはしかしいつかは耳を傾けることであろう！——語るべき積極的なものをもっている(3)」のである。

（1） Barth, K., Die Menschlichkeit Gottes, S. 10 f.

（2） 以上三つの論文にはそれぞれ邦訳がある。森岡巌訳『国家秩序の転換裡におけるキリスト教会』（新教出版社）、森岡誠一訳『東と西の間にある教会』（新教出版社）、『ドイツ民主共和国の一牧師への手紙』は、「共産主義に対する福音」という題で『福音と世界』誌一九五九年二―三月号に掲載されている。

（3） バルト・森岡訳『東と西の間にある教会』一〇〇頁以下。

6　おわりに

以上によって、三つの自伝的文章の時代的背景や、バルトの個人的事情などについて知ることができるであろうが、なおこれら三つの文章のおのおのについて、蛇足ながら若干のことを付言しておくことにしよう。

最初の文章は、一九二八年から三八年までの十年間に関するものである。それはバルトにとって困難な時期であったが、同時に最も油の乗り切った、学問的にも政治的にも最も精力的に活動した時期でもある。学問的には『キリスト教教義学』から『教会教義学』へと自己の神学的立場を切り開き、政治的にはボンを追われてバーゼルに落ち着き、論文、講演、書簡等を通じてナチスにたいする抵抗運動のために奮迅の活動をした。

第二の文章は、一九三八年から一九四八年までの時期に当てられている。この時期は第二次大戦中から戦争直後までの期間である。したがって、主として取り上げられているのは戦時中の抵抗運動、戦後のドイツ人およびドイツの教会の問題、ハンガリー旅行、さらにアムステルダム会議、最後に、こうしたあわただしい状況のなかで倦むことなく続けられた『教会教義学』の進行についてである。すでにこの頃から、彼の直面する政治問題は、ナチズムの問題から共産主義の問題へと移っている。

書斎で（1959年）

第三の文章は、六十二歳から七十二歳までという老バルトの回顧的文章である。しかし、それは、この十年間も老境のバルトにとってそれほど安穏なものではなかったことを示している。何よりも大きな問題は、共産主義にたいする彼の態度であり、それが必ずしも西独はもちろんスイスでも、また一般に自由世界において賛成されないということである。これに反して神学的な面では、その『教会教義学』は順調に進行し、まさに完成一歩手前まで到達した。しかも、プロテスタント側からのみならず、カトリック側からも多大の注目を集めつつある。ただバルトの眼前に現われた一つの強敵は、ブルトマンの実存論的神学であり、彼に続くブルトマン学派の進出であろう。モーツァルトの愛好者としてのバルトについては、日本ではすでに知られているが、刑務所説教者としてのバルトについては、あまり知られていなかったと思う。一九五九年にその説教集が出ている。

この十年間に私の心はいかに変化したか

I　一九二八から一九三八年まで

『クリスチャン・センチュリー』の編集者の注文は、この主題についてできるだけ個人的に、また自伝的に書いてほしいというのである。私には、この願いを承諾してはならないという理由はない。これまでしばしば私は、学問的・体系的に厳密な仕方で書くことにも努めてきたし、また建徳的・覚醒的・論争的に書くことにも努めてきた。それなら、一度だけ「自伝的に」も書いていけないということはあるまい。特に今私はクリスマスの休暇中であり、このような片手間の仕事（parergon）をする時間もあるのだから、どうしていけないということがあろうか。しかしこういう語り方をしたからといって、ほかの語り方をした場合に私を理解しなかった人が理解するようになると私はもちろん約束することはできない！

最近十年間における宗教に関する私の考えの変化について話すようにという御希望であ

ろうか。これについてまず私に言わせていただきたいのは、私の思想はいかなる場合にも一つの点において常に同じだということである。いわゆる「宗教」が私の思惟の対象・根源・規準ではなく、むしろ、私の意図するかぎりでは、神の言葉こそ私の思惟の対象であるという点では少しも変っていない。キリスト教会、その神学、その説教、その伝道を基礎づけ、維持し、支えてきた神の言葉、聖書において人間に――あらゆる時代、あらゆる国、生のあらゆる段階と状況の人間に――語りかける神の言葉、神との関係における人間の秘義――「宗教」という言葉はそれを意味するように見えるが――ではなく、人間との関係における神の秘義である神の言葉――それこそが常に私の思惟の対象なのである。この点においてアメリカの読者は私がまったく変っていないことを見出さざるをえないし、私の生涯の終りまで頑固に変らないままでありたいと思っている。

しかし『クリスチャン・センチュリー』の読者が現在私から――しかも「自伝風の語り方で」――聞き出したいのは、こういうことではなくて、私の身に起こった何らかの変化のことであるらしい。

1

まず第一に、私はこのシリーズのほかのすべての寄稿者と共通な、極めて自明な事実について述べねばならない。「自伝的に」語るとすれば、それは決定的に重要なことである。つまり、私は四十二歳から五十二歳までの年月を過ごすことによって、一九二八年以後さらに十歳年を取ったのである。たいていの人の生涯において――私の場合もそうであったが――この年齢はおおよそ次のような意味をもつのを当然だとしても、私は間違っていないであろう。四十二歳にもなれば、その人なりの考え方ややり方は大体「明確になって」いる。また、同時代の人々が関心をもつかぎり、彼らに知られるようになっているし、できるだけ理解されるようにもなっている。というのは、その頃になると、人はよかれ悪しかれ同時代人の目にははっきりした像として映ずるからである。もう行くところまで「行ってしまった」のだろうか。そうではない。注目すべきことには、人生は本当はいま始まったばかりなのである。今や初めて、採用された立場は内的にも外的にも試験され吟味される。今や初めて、その前提の確立とその帰結の展開が可能となる。今や初めて、ほかの可能性とほかの教師の思想にたいするこちら側の弁明が鋭く根本的となる。

なお今一つの重要なことは、様々な実際上の責任を負うことが重い義務となったことである。というのは、これまでわれわれの前に立って言わばわれわれを守ってくれていた年長の同時代人の隊伍が、とかくするうちにだんだん薄くなってきたからである。この十年間に私の神学教師の最後の人々も死に、昨年私の母も死んだ。そしてすでにわれわれは、背後からやってくる若い多くの人々の大小の足音を聞くのである。すでに私自身、二人の神学者[1]の父であり、もう話すことのできるようになった二人の女の子の祖父である。すべてこうしたことは、今やわれわれが現代の性格と運命にたいしてしばらくの間責任を負わされ、何はともあれ――この場所あの場所で、各自の領域において――当分の間働かねばならない世代に属するようになったことを意味している。このことが真実であるかぎり、人生はこれからほんとうに始まるのである。

そんなわけで、近年は極めて困難な年月であったにもかかわらず、私はこれほどに自覚的に、その上これほど生き生きした生活をした十年間を思い起こさない。われわれは、機会を求めるようなことをしなくても、両手に一杯しなければならない仕事をもっている。

われわれは、いつでも一つの模範として人の先頭に立たねばならないし、それゆえに、今置かれている場所での自己の使命について知りすぎるほど知っている。われわれは、今やすべてがその成否の決定される時点にあることを知っている。老年は近づきつつあるし、それとともに老年の終りに容赦なくやってくるものも——老年に至る前に突然やってくる場合は別として——近づきつつあるが、われわれは、まだ時となすべき仕事とをもっている人にとっては、このことはただ次のことを意味するにすぎないことを知っているのである。すなわち、事物や人間のあらゆる輪廓がもっとはっきりしてきたということ、周囲の世界の問題や困難と同様、自己の立場や仕事に伴う問題や困難ももっと鋭く感ぜられてきたということ、そして働くにしても何か話すにしても慎重に急ぎ、おだやかにしかも一途のはげしさをもって事をなすようにしなければならないということである。

現在われわれはすべてのことを極めて厳粛なものとして見るようになり、また現にそのようなものとして見る年齢に達したのである。今やわれわれは、この短い人生の賜物をうけとるに際して、それを一つの委託としてうけとってきたかどうか、また自己の愚かさといい、いい、よこしまとにかかわらず、この委託を正しく理解してきたか、さらに自己の大いなる不信仰にもかかわらず、この委託を神の自由な恩寵のあらわれとして、自己の心に感謝をもってうけ入れたかどうかを決定せざるをえない年齢に達したのである。

私の年齢の自然的な推移によってもたらされた変化に関するかぎり、以上が一九二八年から三八年の間に私が変化した道程である。それは静かに、ほとんど気づかない間に生じた。しかし、それが生じた今となっては、それは非常に根本的な変化のような気がするし、ほかのすべての変化をいっしょにしたよりも、もっと重大な変化であるように思われてくる。しかし、この意味の変化を明らかにしたので、さらに二、三の個別的な事柄に注意を向けたいと思う。

2

もし私が最近十年間のノートを取り出して眺めてみた場合、ちょっと見てすぐ気がつくことは、近年になって初めて私は世界ないしは、少なくともヨーロッパのある部分をやや広範囲にわたって実際に見たということである。一九二八年までは、私が個人的に知っていたのは、スイスおよびドイツとオランダのある部分に限られていた。私は、一九二九年に初めてイタリーを見、その翌年次のような国を、ある国は一度だけ、ある国はしばしば訪問した。すなわち、イングランド、スコットランド、デンマーク、オーストリア（その当時はまだ自由だった！）[2]、チェコスロヴァキア、ハンガリー、トランシルヴァニアの国々である。今日私は、もっと遠隔の地まで行きたいという衝動を感じなかったほど書斎とごく近い周辺に研究すべきことやなすべきことをたくさんもっていると、どうして以前には考えていたのか分らない。おそらくそう考えざるをえない必然性があったのであろう。とにかく今日私はまた、明瞭にであれかすかにであれ、すべての遠い場所から、そこの歴史から、そこの人々の現在の状況から語りかけられることなしに存在しえた時期がどうしてあったのか分らないのである。

私はスイスやドイツにたいしてほどにフランスやイギリスにたいして内的に関心をもつことなしに、また私の神学上の仕事の上で多くの諸教会――それらは一つの「教会」における諸教会なのであり、そこでは有難いことに多くの反響と協力があり、したがって私もある共同責任をとらねばならない――についてたえず考えることなしにどうして存在しえたか不思議に思うのである。私は私なりに、このような仕方で、この十年間「エキュメニカル運動」をしてきたのであり、そのことを喜んでいる。いま初めて私は他人を見ていて、エキュメニカル運動をするか、さもなくば――ナショナリズムや地方的感情（provincialism）に妨げられて――それをしないかは、彼がどういう態度を取り、何に注目し、何に自己を賭けるかという点で相違を生ぜしめるということがわかる。しかし、私がエキュメニカル運動をするということは、私がかつて書斎で一つの無くてならぬものとみなしていたことを棄てる必要があるとか、軽く考える必要があるとさえ思っているわけでは決してない。むしろ、それはこのあらゆる教会にとって無くてはならぬものが、一つ一つの教会にとっても無くてならぬものであることを発見したことから来た、献身と喜びの体験を意味しており、また――それが私の課題であるかぎり――この無くてはならぬもののために立ち上がる新しい決断を意味しているのである。

もちろん私が地球上の他の土地を知っている範囲は、近代的な観点から見れば、特にアメリカ的な観念に従えば、まだ極めてわずかなものであることを知らないわけではない。なぜ私は親切な招待にもかかわらずまだアメリカに行かないのであるか。当分私をひきとめる重大な理由があるのであるが、いま私にゆるされている紙面はそれを説明するのに十分ではない。私はまた、日本やニュージーランドにもまだ行っていない。もっとも、私はそれらの国々やその他の場所に、私の本を読み、手紙やその他の通信手段によって、また時には直接の訪問によって、かの地のいろいろな事柄を知らせてくれる友人をもっているのであるが。将来何が私を待っているか誰が知るであろう。しかし、今日までのところ、私は、自分にとって明瞭に見分けのつく、はっきりした必然性が生ずる時にのみ旅行をするという規則に従ってきた。私はこういうやり方を守りたいと思っている。私に会って何か聞きたいと思う人は、誰でもはっきりした意図をもつ人であってほしい。さしあたり私は、若い時代の狭い環境から脱け出たことは――そのかぎりにおいて――私にとって有益であったと考えている。

3

最近十年間に生じた心を痛める変化のなかには、一九二八年頃はまだ神学上の隣人であり、協力者であり、友人であった一群の人々を失ったということが含まれている。私が彼らを失ったのは、死によってではなく、単に彼らと私が少しずつ、あるいは一挙に、一つの心・一つの霊の調和において協力することができなくなったことを悟ったという理由によってである。われわれはまったく明確に異なった道を歩んでいたのだ。今日もわれわれは違った道を歩みつづけており、遠くからお互いに挨拶するだけである。だからと言って、私は不平をいうことはできない。なぜなら、私は有難いことに古い友人をまだ十分もっているし、同時に新しい友人をも見出しているからである。しかも彼らの幾人かは、ほんとうによい新しい友人たちなのである。しかし、この十年間に、私の仕事はある収斂的な力に欠けているらしいこと――むしろある爆発的な、ないしはいずれにせよ遠心的な効果が内在しているらしいことを、明瞭に認めさせられた。

第一次世界大戦に続く十年間に、私の友人と私はわれわれが共通にあるものに対立しているという点からいっても、またわれわれが立っているある一般的な立場からいっても、相互に共通の思想と意図をもっていると考えていた。われわれは、お互いに信頼と支持を与えうると信じていた。しかし、太陽が上るにつれて――これこそ今ふり返っている十年間に起こったことであった――われわれの交わりのなかからその名に値しない部分は朝霧のように解消した。私は、今こそフリートリッヒ・ゴーガルテンは陰険そうな新しいドイツ国家神学者になるべくしてなったことを知るのである。ゲオルク・メルツが、ルターやヒトラーやブルームハルトを少しずつつき混ぜた、半ば家父長的な・半ば牧師的な混合物において自己の救いを解明するのも、かくなるべくしてなったのである。エーミル・ブルンナーが、彼自身の発明にかかる新弁証学へと向かい、同時にブックマンのグループ運動の腕に身を投じたのも、かくなるべくしてなったのである。(3)

私の弟子たちのなかにも、ここには静かに背後にとどまっている者もあるかと思えば、かしこには私の知らない方向に騒々しく走って行く者もいた。その上、私自身も次のようなやや強い不平を聞かねばならなかった。つまり、もともとわれわれすべてに共通であったものに私が忠実でなく、私がかつて約束したものを私が守らなかったとでもいうような不平を、である。しかし私は実際のところ、自分が最初に選んだ道をそのまま、ずっと歩んで来ただけであり、そうすることによって、あの共通な出発点の根拠・意義・帰結を明るみに出しただけであるという意識をもっているのである。

いったい誰が正しいのであろうか。これについて争おうとすることは、おそらく無意味であろう。しかし、分裂の現実は否定しえない。一九二八年頃は、いわゆる「弁証法神学」（「バルト主義」！）が一つの「学派」――その反対者としてか追随者としてか、それにたいして人が大体の立場を取りうるという意味での学派――を構成したとある人たちは信じたかもしれない。今日では、これらの事柄について責任のある話をしようとする人は誰でも、この領域で生じた種々様々な見地について吟味しなければならず、したがって私のかつての僚友や私自身から問いかけられ、彼自身の決断を促がされるのを避けることはできない。確かにわれわれすべては、同時代人のために理解と選択をもっと容易なものになしえないことを残念に思うものである。特に最も簡単に迅速に教わりたいと常に思っている現代のアメリカ人たちのために、そのようなものになしえないことを残念に思うものである。

もし私の仕事の上でこの十年間に実際どの程度まで私が変ったかを判断しようとするならば、それは次の定式で言い表わしうるであろう。私は、その大筋のところをすでに獲得した知識を深化し応用することに、大体同じ程度に従事してきた。もちろん両方は同時に押し進められてきたのである。

4

深化というのは次のようなことである。この十年間に私はキリスト教の教理の哲学的、すなわち人間学的な（アメリカでは「ヒューマニスティック」ないしは「自然主義的」と言われる）基礎づけと解釈の最後の残滓を、除き去らねばならなかった。この訣別の真の文書は、実は一九三四年にブルンナーにたいして書いた、多くの人に読まれている小冊子『否！』ではなくて、むしろ一九三一年に現われたカンタベリーのアンセルムスの神の存在証明に関する書物である。私はこの書物を、私のすべての書物の中心、最も満足すべきものと考えている。[4] しかし明白に、アメリカではそれは少しも読まれていないし、ヨーロッパでも確かに私の書物のなかで最も読まれていないものである。

この新しい発展の積極的な面は次の点に存している。すなわち、キリスト教の教説は、もしそれがその名にふさわしくあるべきであり、教会をこの世のなかにその名にふさわしく建設すべきであるならば、排他的に決定的にイエス・キリストの教説――われわれ人間に語りかける、生ける神の言葉としてのイエス・キリストの教説であるということを、私はこの十年間に学ばねばならなかった。もし私がこの見地から初期の研究を振り返るならば、どうしてもっと早くそれを学び、したがって、それを主張しなかったのかを自問してみるのは当然であろう。人は何とのろいことか。なかんずく最も重要なことが問題となっている時に！

このことと共に私の仕事に生じた変化の意義を見かつ理解するためには、一九三二年と三八年に公刊された私の『教会教義学』の最初の二冊を、ある程度研究する必要がある。（あなた方はそんなに多く読みたくないというのか。もちろん私はそれを誰にも強要しない。しかし、同時にろくに研究もせずに何かについて語る時、私はそれを「正々堂々たる態度」だと言うことはできない。）私の新しい課題は前に言ったことをとりあげてもう一度新しく考え直し、それをあらためてイエス・キリストにおける私の恩寵の神学として組織立てることである。

私はこの課題に従事する場合――私はそれを「キリスト論的集中」と呼んでいるのだが――教会の伝統について、また宗教改革者特にカルヴァンについても（言葉のよい意味において）、批判的な検討へと導かれたという事実を黙過するわけにはいかない。私は、この集中において、前よりもすべてのことをはるかに明瞭に、明確に、単純に、しかも信仰告白の形で、同時にまたはるかに自由に、あからさまに、包括的に語ることができる。というのは、前には私は、教会の伝統によってよりも、哲学体系という殻によって、少なくとも部分的には妨げられていたからである。

私は、この変化が決して多くの人々を喜ばせなかったことを知っている。私は、「万里の長城」の背後に完全に退き、したがって「極端に無味乾燥なもの」になったと非難された。こういう評価はアメリカからやってきた。こうした言葉には、ほとんど答える必要は認められない。しかし、もし私の側からみるなら、「万里の長城」の背後に退いたということは、「極端に謎めいたこと」だといわざるをえない。なぜなら、奇妙なことにまさにこの十年間に、したがってこの変化の過程のなかで、私は万里の長城の背後に退くこととは明白に何の関係もない事柄のために時間を費し、それに心が向いたからである。たとえば、私は一般精神史の研究に前よりもはるかに深く従事し、イタリーへの二度の旅行において、これまでになかったほど古典古代に耳を傾け、ほかのいろいろな人々のなかでも特にゲーテに新しく親しみ、数多くの小説を読み——それらの多くは、イギリスの探偵小説の第一級の作家による作品である――非常に下手だが極めて熱心な馬術家になった等々である。私は、まさにこの時期ほど日常世界のなかでこんなに華やかに生きたことはなかったと思う。しかしそれこそが、多くの人には修道僧的集中のようにみえたものをも同時にもたらした時期でもあったのである。

私は、心理学者がこのような事実を基礎としてどのような診断を下すかを知らない。また私は、この時期の変化が実際私の内部における「深化」であったかどうかを、真面目なキリスト者が疑いはしないかと、懸念しないわけではない。しかし、それがどうであれ、人が解釈したいようにさせておこう。事実は、今日ほどこの世に対する抽象的な否定に陥る危険――それに私が陥っているようにすでにある人々には思われたのであるが――について心配しないことはなかったということである。私はむしろ最近十年間に、同時にこれまでよりもはるかに教会的にもなったし、はるかにこの世に関心をもつようにもなったことを、事実とみなさねばならない。

5

私が試みねばならなかった「応用」は、ヒトラーという名前と密接に関連している。一九二八年のちょうど今頃、私はヴェストファーリアのミュンスターにおける私の小さな家のこの同じ机に坐っていた。当時、私はプロイセンの教授であり、ドイツで七年間過ごしたのち、「よきドイツ人」とでもいうべきものにまさになりかかっていた。しかし、それからさらに七年後の一九三五年に――その間私はミュンスターからボンに移っていた――私はそこでの素敵な教授活動から追放され、今日、私は暴風から一時救出された水夫のように、私の生まれたバーゼル市にいるのである。十年前こんなことになるとは夢にも思わなかったであろう。疑いもなくその頃から今日までの間に、私の主張や行動様式にはかなりの変化が生じた。しかし、それは蓄積された私の知識の意味と方向に関する変化ではなくて、むしろその応用に関する変化である。このような変化が生じたのは「総統」のせいなのだ！

では何が起こったか。まず第一に――人は全体を観察する間、このことをはっきり記憶していなければならない――一方において人間の虚偽と残忍さについての、他方において人間の愚かさと不安についての、巨大な啓示が与えられた。さらに、一九三三年の夏、私が一人の会員として教師として属していたドイツの教会は、その教理と秩序に関して非常な危険に陥った。キリスト教とゲルマン主義を奇妙につき混ぜた新しい異端の中にまきこまれ、いわゆるドイツ的キリスト者に支配されるという脅威にさらされたのだ。それは、国家社会主義の成功とその思想の催眠術的な力によって促進された危険であった。それに続いてさらに、かつて私に反対した、ドイツにおける神学上のほかの学派や傾向の代表者たち――自由主義的、敬虔主義的、信条主義的、聖書主義的――が倫理、聖化、キリスト教的生活、実践的決断といった事柄に非常に重点をおき、今や一部は公然とあの異端を肯定し、一部はそれにたいして奇妙に中立的で寛容な態度をとった[5]。かくて、非常に多くの人々がその隊伍に加わって誰も真剣に抗議しなかった時に、私自身は沈黙したままでいることができず、危険にさらされた教会が救い出されるためには何をなすべきかを、教会に向かって告げることを考えないわけにはいかなかった。

それらすべては、アメリカで「経験」(experience) と呼ばれ、それ自身非常に高く評価されているものにほかならなかった。しかし、われわれが「経験」したかぎりにおける状況とはどのようなものだっただろうか。一九三三年六月に出版した『今日の神学的実存』双書の第一冊目〔『今日の神学的実存！』〕においては、私はまだ本質的に新しいことを語ろうとしたわけではなかった。その時私が言ったことは、むしろ常に言おうとしていたこと、すなわち神の傍にわれわれはいかなる他の神々をも持ちえないこと、聖書の聖霊はあらゆる真理において教会を導くに十分であること、イエス・キリストの恩寵はわれわれの罪の赦しと生活の秩序づけにとって十分であることを、語ったにすぎなかった。しかし、今や突如として私は、アカデミックな理論のほんの少しの痕跡も残した言い方をゆるされないような状況のなかで、同じことを語らねばならなかった。私は別に欲しなくても、またそれを容易にするために何もしなくても、それは必然的に説教、挑戦、喊声、信仰告白の形をとらねばならなかった。

6

それゆえ、変ったのは私ではなくて、私が語った際の状況であり、反響であった。それは非常に変った。したがって、それに続いて起こった私の教説の繰返しは――ひとりでに、またこの新しい状勢のゆえにその深化に併行して――実践、決断、行動となった。このようにして、ある日非常に驚いたことには、一九三四年以来結成されつつあった「告白教会」の熟慮と決断に協力した私は、いつのまにか教会政治の真只中に立っていたのであった。必ずしもドイツの友人たちの要求に従ってではなく、むしろ自発的に私はスイスからこの協調を続けて来ており、今も連絡を保っているつもりである。

　何が危うくされたのか、また現在危うくされているのであるか。それは単純に次のことである。すなわち、神はあらゆる神々の上にいまし、民族と社会のなかなる教会はどのような事情の下でも国家と相対しつつ、聖書のなかに定められてある教会自身の課題、宣教、秩序をもつという真理に固執し、その真理をまったく新しい仕方で理解し、実践に移すことである。今日でさえも「告白教会」における多くの人々は理解し容認しようとしないが、国家社会主義の主張に抗する教会の自由というこの真理は、「宗教的」決断や教会政治の決断を意味するのみならず、事実上政治的決断をも意味するようになる以外になりようがなかったであろう。すなわち、全体主義国家として国家自身の課題、宣教、秩序以外のいかなるものも認めず、それ自身以外のいかなる神をも認めず、それゆえ国家が発展するにつれて必然的にキリスト教会の圧迫を企て、人間のあらゆる権利と自由の抑圧を企てねばならなかった国家に抗する決断という意味での政治的決断以外に、である。

私はこの異端が教会内部に浸透しつつあるのを見たのだが、その背後には、そもそもの最初から、もっとずっと危険な反逆者として、間もなく出てきた人物、最初は救済者・救い主として——多くのキリスト者によって少なからず——喝采された人物、すなわち国家社会主義の権化ともいうべきヒトラーが立っていた。教会的・神学的紛争は、それ自身の内部に政治的紛争を含んでいた。そして、それがますます政治的紛争として現われたということは、偶然なことではなかった。私はこの事実を自己自身にたいしても他人にたいしても蔽いかくすことができなかったゆえに、私はヒトラーへの敬礼をもってボンでの私の講義を始めるわけにはいかなかったゆえに、私は国家の官吏たるものの義務として総統にたいする無条件的な誓約をするわけにはいかなかったゆえに、私は国家に奉仕する官吏としての地位を失い、ドイツを去ることを余儀なくされたのである。

とかくするうちに、国家社会主義の反キリスト教的な、それゆえに反人間的な正体が、ますますはっきりと暴露されてきた。同時に、ヨーロッパのほかの部分への影響は、おどろくほど大きくなってきた。虚偽と残忍さ、愚かさと不安はドイツの国境をこえてひろがり、それ以来ひろがり続けている。しかしヨーロッパは自己の危険をさとらない。なぜなら、ヨーロッパは国家社会主義が第一戒の意識的・根本的・組織的な違反であることを悟らないからであり、またこの違反は神に逆らう罪であるゆえにそれが諸国民を同じような堕落にひきずりこむことを悟らないからである。

このようにして私は、欲すると欲せざるとにかかわらず、スイスに帰った後も、真の教会と正しい国家を保持していくために、頑強に国家社会主義に抵抗しなければならなかった。そのため、私はドイツにおける「公敵第一号」とでもいうべきレッテルをはられ、あらゆる私の書物が禁書目録に記されているのを見なければならない。チェコスロヴァキアの危機の際に、私はプラハのフロマートカ教授に手紙を送り、ボヘミアの国境においてヨーロッパの自由のみならずキリスト教会の自由も守らねばならないと書いた。この手紙は私に、多くの国々から、もちろん特にドイツから、怒りを表明した手紙や心配そうな「思慮」を表明した手紙をもたらした。私は、われわれが眠りから目ざめるのに遅すぎたり、あまり苦しい思いをしたりしないようにと願っている。だが、ほかの多くの人々とともに、ヨーロッパ諸国のキリスト者たちは、この眠りにふけることをゆるされているとまだ考えているのである。

7

人々は私の立場の「変化」について非常に驚いた。そして、その変化が後者（応用）に関するものであるかぎりにおいても少なからず驚いた。まず彼らは、私が彼らのいわゆる「教会政治的」になり始めた時に驚いたが、のちに私が徹底的に「政治的」になった時にもっと驚いたのであった。しかし私は、以前から私を真に知っていた人はそれほど驚くはずはないと言いたい。特に私は、福音宣教から独立しそれと接触しない「自己決定の権利」（Eigengesetzlichkeit）を国家に与えているいまわしいルター派の教説を、これまで決して承認しようとはしなかったのである。

私の変化以前と同様に変化以後も、私の神学的思惟は、神の主権と、キリスト教の使信全体の終末論的性格と、キリスト教会の唯一の課題としての純粋な福音の宣教の強調に中心があり、またそれにこれまで中心をおいてきた。現実の人間を顧慮しない（「神はすべてであって人間は無である！」）抽象的な超越的神、現代にとっての意義を伴わない抽象的な終末の待望、この超越的な神にのみ専心し、深淵によって国家や社会から分離された同様に抽象的な教会――それらすべては私の頭に存在したものではなくて、私の本を読んだ多くの人々の頭のなかに、また特に私について評論したり、一冊の本を書いたりした人々の頭のなかにのみ存在していたのである。もっとも、私がこれまでも、また今日も、すべての人が理解できるような仕方で自分の思想を表現することに必ずしも成功していないということは、非常に多くの怒りと当惑に囲まれている自分をみる時、確かに私自身が負わねばならない罪責の一つなのである。

私の変化は、私の神学的教説の実際的適応性、闘争、信仰告白的性格が多くの人々の目に明白になったということ、国家社会主義によって形成された時代的背景において初めて、たいていの人々の目に明瞭なものとなったということ以上のことを意味しているであろうか。私はただ空弓をひいて遊んでいるだけだと思っている多くの人々の意見とは反対に、私は明らかに矢をついで射たのである。もしある人が、これまで起こった事柄を一通り見渡して、事柄全体がそもそもから何を意味していたかを最後に理解してくれるなら、まことに幸いなことである。私は突然今アクティヴィストになったのであろうか。信仰をもった民主主義者になったのであろうか。それとも、ある種の「クルーセード」説教家になったのであろうか。私は前には決断と行動とをまったく欠いた静寂主義者であったのであろうか。このような非難はどういう意味をもちうるであろうか。マタイ福音書一一章一六―一九節を読んでいただきたい！

将来いつか（おそらく間もなく）ヒトラーはこの世から取り去られるであろう。その時、私の態度や機能ももはや今日もたざるをえないようなひどく矛盾し相反しているような性格を必要としなくなるであろう。その時には、私はまた親愛なる審判者たちや親愛ならざる審判者たちにたいして、何らかもう一つの驚きを用意しなければならないのであろうか。それとも、私は昨日やったことと今日やっていることとの間に矛盾だらけのものしか見ない人々に、私のやったこと、やりつつあることをもっと明瞭にしてあげることが、遅蒔きながら可能になるのであろうか。それについては、私は何も知らない。いずれにせよ私が望むのは、明日もう一度非常に状況が変るとしても、不動であるが同時に可動的でもあり、可動的であるが同時に不動であるということである。しかし、私はここで未来図について、すなわち一九三八年から四八年までの間に起こるべきことについて尋ねられなかったことを喜びたい。以上で私への問いにたいして「自伝的お答え」をしたことになったと思う。そして、お望みの副産物（parergon）をもたらしたことになったと思う。

（1）英文が theologians となっているので、神学者と訳しておいたが、これは必ずしも正確ではない。ドイツ語で Theolog というのは、神学教授だけではなく、大学で神学の課程を終えた者一般、時には神学生についてもいうようである。バルトは、ここでマルクースとクリストフのことをいっているのであろうが、現在はたしかに彼らも神学教授であるが、当時はまだ非常に若いはずであり、おそらくそうではなかったと思われる。

（2）ヒトラーが一九三八年オーストリアを併合した。

（3）ブルンナーは、『神学のもう一つの課題』（Die andere Aufgabe der Theologie, 1927）を書き、非キリスト教的思想にたいする弁証学の新しい任務を説いた。従来の弁証学から区別して Eristik といい、また最近では missionary theology ともいう。またオックスフォード・グループ運動については、ブルンナーに Die Kirchen, die Gruppenbewegung und die Kirche Jesu Christi, 1936 があり、ブルンナーが賛成しているのに対し、バルトは Kirche oder Gruppen. 1936 で反対した。

（4）解説参照。

（5）アルトハウス、エーラートなどのルター派神学者の微妙な立場については、倉松功「ドイツ教会闘争における教会と国家」（『福音と世界』一九六〇年九月号）参照。

Ⅱ　一九三八から一九四八年まで

一九三八年から四八年までのこの十年間と言えば、それは五十二歳から六十二歳までの期間に当っている。それは、もう一度しっかり自分の目を開き、耳をそばだて、自分の時間と力を格別上手に使い、自分の目標をもう一度厳密に点検してよい時期である。この年齢に達すれば、確かに人はもはや若くはない。しかし、生活上また職業上私が要求されるものは、若い人々の場合とほぼ同じくらいのものであるし、その要求は老人の弱点である回顧的な自己省察を――少なくとも部分的には――閉め出してしまうほど強いものである。

今や若さに別れを告げようとする時、人は――自己について、友人について、自己の仕事について――ある種の安定した地点に達する必要を痛切に感じ、それゆえにまた、物事にたいしてあらためてさからわないようになる必要を痛切に感じる。今やまだ時のある間に避けうる愚かさは避け、不必要な不和は清算し、これまでにあった軋轢は解消すべき時である。若干のつつましい収穫を倉に入れることはまだできるはずである。太陽は真上をすぎ、夕べは近づいている。「昼の間に働く[1]」ことが必要なのである。

1

この戒めは近年の私には特に適切なものであった。私がいかによくそれに従ったかを神は知り給う。私は最善をつくした。したがって、この十年間は、その前の十年間よりももっと豊かな内的活動によって色どられている。もちろん、この年になると人はもはや前ほどには仕事ができない。ずっと疲れやすくなるし、自分の限界をもっとよく知るようになる。しかし、近年私にのしかかってきた大きな要求は、それらすべてについて嘆く暇を私にゆるさなかった。その上、私の限界について前よりもはっきりした意識をもつようになったということは、確かにより良き方向への変化であった。

たとえば、私も私の知人たちも驚くことであるが、こういう意識は私を明確に以前よりも温和にした――事実私はずっと平和を好むようになり、人は結局その反対者と同じ舟に乗っているのだということをもっと容易に認めるようになり、また時には不当な攻撃を受けても自己防禦のために敢えて乗り出そうとせず、他人を攻撃するにもそれほど熱心でないということもあるようになった。「然り」ということが「否」ということよりも（それもまた重要なことであるにせよ）もっと重要であるように思われてきた。神学的には、神の恩寵の使信が、神の律法、怒り、糾弾、審判の使信よりも（それも確かに除くわけにはいかないが）もっと緊急であるように思われてきた。弱ってきた兆候なのだろうか。おそらくそうかもしれない。しかし、一方において、どうしても必要な時には私はなおよき戦いを戦うことができるし、他方、おそらく年齢に伴うこの新しい性格のゆえに、若い頃の好戦的な状態におけるよりも多くの仕事ができたのだと思われる。

私には神に感謝すべきいくつかの特別な理由がある。まず第一に概して私は今なお健康な人間である。手術を必要とした過去の病気（医者の読者のために病名をいうと、それはHernia Spigelli〔脱腸〕である）も今では興味ぶかかった経験として、また感謝すべき休息のひとときとして思い出すだけである。誰でもあんなに楽にあの病気をすませるわけではない。病気のためにかなり長い間十分な体力を与えられなかったとしても、不平をいうわけにはいかないだろう。次に私はまた、信頼するに足り、気の合った、しかも多くの刺戟を与えてくれる、老若いずれもの友人たちに囲まれており、しかもその数は減るどころか増えつつある。さらに成長した私の息子たちは私の最良の伴侶——それはすべての父に与えられる賜物ではない——である。最近私の孫の数が二人から八人に増えたことも喜ばしいことであった。

　これに加えて——それはたしかに私の側の長所ではなく純粋な自然の賜物であるが——私の内部のあるものが依然として間断なく活動し、それがたえず私を駆り立てて、新しい知識を求め、ある線上を突進し、決然と自己の立場をとり、それを最後まで貫く、というようなことをさせたと同時に、またそれは私をして常にとどまることなく前進させ、したがってその都度他人を驚かせはしないかという不安に妨げられることなしに、みずから驚きによって導かれる自由を捨てないように私に命じたのであった。私はこの休みなき活動のために多くの努力を払わねばならなかったことを否定しない。正直のところ、時々私はずっと前に安全な港に到達していた人々をうらやんだ。しかし、この休みなき活動は特にこの十年間の私および私の仕事にとって最大の恵みであったと思われる。

さらにこの十年間に、人間はまったく単純にいかに多くの讃美を創造者なる神に捧げねばならないかを、私はこれまでになく認識するようになった。これを私は一つの収穫としてしっかりと保持している。そしてこの収穫のゆえにこそ、私はもっと若くありたいという欲求を――それをおさえることはできないが――あえて第二義的なものと考えるのである。

2

さて、一九三八年から四八年までの私の生活の外的な面に目を向けよう。その前の十年間には私は多くの土地を訪れた。しかし、この新しい十年間の最初の七年間は――一九三九年フランス、オランダ、デンマークに二、三の最後の旅行をした以外は――まったく国内にとどまっていた。私は講演をしたり、あらゆる種類の会議に出席するために、つとめて私の祖国スイスのここかしこに出かけていったので、前よりもいっそうよくスイスを知るようになった。しかし、スイスの境界は私の境界でもあった。その当時、ヒトラーとムッソリーニが四方八方からわれわれを取り囲んでいたので、もちろん私は国境のかなたに行こうにもその道はふさがれていたのである。一九四〇年頃にはすでに大きな災禍が――その到来をわれわれは最初一九三八年に認めたのであったが[2]――ヨーロッパの上に、世界の上に起こっていた。たまった勘定は清算されねばならなかった。現在戦争は過ぎ去ったが、しかし、われわれは違った仕方で（ではあるが）なおその勘定の始末をしつづけているのである。

私は狂気と化していたヨーロッパ内部の少なくとも一個所において――すなわち、スイスという島で、特に最初勝ち誇り、後にひどい打撃をうけるドイツと、最初抑えられたが後に頭をもたげたフランスを同時に見渡しうる、バーゼルというこの国境都市において――神学の営みを十分に「あたかも何事もなかったかのごとく」続けることが、私の目前の最も重要な義務であると考えた。そして、いかなる場合でも信頼でき、永続性があり、約束にみちたこの課題に奉仕することができることを、これまでになく私は喜んだのである。しかし、そのことは私が当時の差し迫ったあらゆる出来事から超然としていることができたということではない。何という関心をもってわれわれスイス人は戦場の動きを見つめていたことであろう！　しかもできるかぎりほかの国々の内部の動きまでも！　どんなにわれわれは恐れ、望み、待望したことであろう。その上、スイス国内ではわれわれは山ほどしなければならないことを持っていたのである。

この時期に私は以前よりも、また以前そうでありたいと思ったよりも、もっと一個のスイス人らしくなった。少なからざる脅威が周囲の独裁者たちの世界からわれわれの頭上にただよってきたし、また少なからざる誘惑もただよってきていた。われわれの間でも、すべての人、すべての事物が抵抗の備えをしていたわけではなかった。しかし、われわれは抵抗すべきであるということについて一瞬の疑いさえゆるされないほど、あまりに多くの失う恐れのあるものを持っており、未来のヨーロッパのために擁護し確保すべきあまりに多くのものを持っていたのである。それは単純ではあるが困難な状況であり――また困難であるが単純で明瞭な状況でもあった（今日、人はしばしばあるノスタルジアをもってそれを思い出す）。ヤマアラシのように体をまるくして、われわれはあらゆる方法で、あらゆる状況下で、あらゆる手段に訴えて、守るべきものを守らなければならなかった。毎日毎日、われわれは新しい忍耐と勇気を振い起こさねばならなかった。

このようにして私は、この時期に侵略に備える一種の秘密結社に加入した。またドイツ告白教会援護協会の一員として、無限の忍耐をもって、また多くの場合見事に、外国亡命者、特にユダヤ人亡命者の世話をやってのけた、あの疲れをしらない牧師パウル・フォークトと協力する人々の一人となった。私はまた、私自身の責任において、ヒトラーに抵抗しスイスの自由を守るために、私のできるかぎり、また警察ややかましい政府の検閲がゆるすかぎり、語りかつ書いた。最後に五十四歳にして私はともかくも正規の兵士――おそらくあまりよい兵士でもこわい兵士でもないが、しかしそれでも武装をし訓練をうけた兵士――となり、ライン河やユーラ山脈やその他の場所で、ヒトラーの悪魔の軍隊にたいして歩哨勤務や警戒勤務に従事したのである。

この仕事は、一つのすばらしい思いもかけない結果をもたらした。と言うのは、そのことによって私は、これまでになかったほどスイスの一般市民と親しくなり、日夜いっしょにすごすことになったからである。私は喜んで、心から喜んで、時折これらの戦友たちに説教を語った。彼らの九五パーセントはふだん教会に行かない人々であった。このようにして私は、ほんとうに人間を目指してなされる説教はどのようにして作られねばならないかを新しく学んだ。「第五歩哨中隊」――そこには忘れるに忍びない二、三の思い出がある。

孤立と防禦の数年は以上のようなものであった。

3

戦争が終り、世界のほかの国々への戸が再び開かれた。私にとって、このことは特にドイツへの戸が開かれたことを意味していた。それは過去において私が非常に長くまた楽しく、ちょうどその一部になり切って暮した場所であり、多くの親しい友人や手強い論敵を残してきた場所であり、そこからやってくるすべてのものと絶縁しなければならなかった期間にそれだけますます思いを致すことの多かった場所であった。

すでに戦争の最後の年に、私は新しい道に踏み入っていた。一九四五年の最後の数ヵ月、私はスイス中を旅行して講演したが、その中で私は、不可避的に近づきつつあるドイツの敗北が、一つの焦眉の問題を前面に押し出しているということを、私の国の人たちに明らかにしようと企てた。それは、どうしたら不幸な隣人たちにたいしてわれわれが特に役に立つよい友人になりうるかということであった。私は、勝った国民や権力は、自己のすぐれた義を確認した後は、ドイツにたいして無理のない中庸を得た政策を採用するのが当然であると考えた。

確かに私がこのような期待をもったことは完全に間違いであった。しかし、同じように思いがけなかったのは、たいていのドイツ人が――スイスに逃げてきたドイツの亡命者たちまでが――この講演やその後私が同じ調子で書いたり語ったりしたほかのすべてのことを、友人として受け取ることを拒み、かえってやや激しくそれを退けたことである。その理由は、私が今でもいだいている見解、すなわち、ドイツ人の性格をいやすためには、ヒトラー時代のひどい堕落だけを考えるのではなく、ビスマルクおよびフリードリヒ大王時代における病根にまでさかのぼらねばならないという見解を、たまたま私が述べたことであった。戦後のドイツのあらゆる悲惨のなかにあってさえも、ごく少数のドイツ人だけがこの忠告に耳をかそうとするにすぎない。それにもかかわらず、敗れたドイツにたいするスイス側での感情上の変化は、私が提唱したように事実上広く起こって来ているのである(3)。

しかし、私は結局ドイツ人ないし人間一般を助けるということが実際上そう容易なことではないことを認めねばならなかった。こういう認識をもつようになったのは、たとえば一九四五年の春と夏に「自由ドイツ運動」と密接な関係に入った時であった。ついでに言えば、私はそこで初めて有名な共産主義者や——あまり愉快なことではなかったが——共産主義のやり方にふれたのである。同じ年の秋、アメリカの保護の下で戦後初めてドイツを旅行することができ、私は多くのことを知ることができた。私はフランクフルトで告白教会の「兄弟団」協議会の再組織に参加し、そのあとトライザで公式の「ドイツ福音主義教会」（ＥＫＤ）の結成に参加した。(4)

一九三三年の「ドイツ的キリスト者」はすでに自然消滅したか、地下に潜ったか、数は少ないが正直に悔い改めるかしていた。それにもかかわらず驚いたことには、私は教会のなかに、破滅に急ぎつつあった一九三三年当時と同じ構造、党派、支配的傾向を見出した。進歩的な層——一九三三年から一九四五年までの間ほんとうに抵抗し、この期間の教訓を具体化しようと欲した人々（ニーメラーはその中の最良の一人である）はなお表面に出て活躍していたが、しかし実際に支配力をもち決定力をもっているサークルや層に比較して、依然として少数派にすぎなかった。私が見出したのは、州教会の組織維持にたいする相も変らぬ関心——あらゆる斬新なものへの興味によってよりよい結果をもたらすということのない──であり、なかんずく公然たる信条主義や教権主義、およびいろいろ賑やかな姿で現われている典礼主義への興味によって呼びおこされた関心であった。

すべてそうした関心は依然として際立っており、キリスト教の使信をその根源から更新し、現代の新しい状況に適応させるという問題よりもはるかに際立っていた。過去においてと同様に、教会の問題は相もかわらずある有力な人物やある範囲の人たちの問題であっても教会全体の問題ではないようであった。過去の出来事の印象がまだ鮮明であり、今日では再びかくされてしまった多くのことがあかるみに出された頃、私は厳しい試練をうけたドイツ人たちに単純に福音を宣べ伝える最善の道を追求するわずかばかりの願いさえも見出すことはできなかった。

新しい言葉や新しい信仰は実際ここかしこの多くの忠誠な、確固たる心をもった個人に与えられていたけれども、教会全体には与えられなかった——ヒトラー体制下での弾圧や夜間爆撃の恐怖やドイツ敗北の屈辱を通過してきたにもかかわらず与えられなかった。同じことが、おそらくたいていのほかの国々の教会についても過去・現在にわたっていえるであろう。私は、前よりももっと明瞭に人間——キリスト者もまた、そしてキリスト者こそ！——がもともと頑なであり、容易には悔い改めに導かれえないということを認識したのである。

ところで、私は決して落胆しなかった。私はその後も数回ドイツの至るところを旅行した。私の忠実な秘書シャルロッテ・フォン・キルシュバウムといっしょに、一九四六年から四七年まで、私はかつて教えたことのあるボン大学で客員教授として過ごしたが、そこで私は、ドイツの新しい神学生諸君と生き生きした希望にみちた交わりをもった。彼らはちょうど兵役や捕虜生活から帰ってきたばかりであった。またボンを本拠として私は非常に多くのドイツの都市（ベルリンやドレスデンまでも）を訪れ、講演し、旧交をあたため、新しい交わりを結んだ。

ドイツ人とドイツの教会になお将来性があるということ、しかも非常に特殊な将来性があることについて疑うことは、私には不可能である。しかし私は、外部から助けようとしてみても、ドイツの場合非常な限界に突きあたる場合が多いのではないかと、危ぶんでいる。ドイツ再建の問題は、私の個人的な印象では非常に巨大な問題であり、周囲の世界とドイツ人自身との両方によって非常に複雑なものにされているので、私自身次のいずれの道をとるべきかという問題に直面することになった。すなわち、私に残っている時と力とを、完全に専らドイツの問題と課題のためにささげるか、それとも結局私の本来の仕事――『教会教義学』の続行と、可能ならばその完成――に戻り、ドイツ問題にたいする直接の関与を、不可避的に生じてくる他の外国の問題と同様、特殊な場合に限定するかどうかである。そして私は後者に決定すべきであると感じたのである。

4

一九四八年早々、私は昔からの親しい友人たちのいるハンガリーの改革派教会の招待をすすんで受諾した。かの地における政治的変革と東欧ブロックへの編入は、私の友人たちを困難な状況に追いやっていたし、彼らは新しい共産主義政府にたいしてどういうふうに処していくべきかについて、私の忠告を聞きたがっていた。もちろん、そこで私がするはずになっていたことは、教会の本質と課題に関していつどこででも語られねばならないことについて講演することであった。しかし議論をしていくうちに、私とハンガリーの友人たちは、彼らの状況と特殊な問題は、単純に西ヨーロッパ諸教会と国家社会主義者との関係を手本として処理すべきものではなく、福音の見地から、そしてハンガリー自身の過去の光にてらして独自に判断すべきものであるという、一致した意見に達するに至った。共産主義体制のなかに含まれる教会にとっての明瞭な危険と害に対して抗議することが、正確にいって、決して第一になすべき最も緊急な義務ではないようにわれわれには思われた。

私のハンガリー滞在は、まったく平和な楽しいものであった。しかし、ハンガリー問題に関する私の立場は、私の母国や、おそらくほかの場所においても甚だしい躓きとなった。まことに奇妙なことに、ちょうどアムステルダム会議前後の数週間、私の態度は過度の新聞攻撃にさらされることになった。最初私にたいする非難は、全体主義が新しく変装して世界をおびやかしているのを見逃がしたということであったが、そのうち、私が「明瞭にまぎれもなく、ロシヤと共産主義とボルシェヴィズムに改宗した」といういっそう強い非難がそれに取って代った。私はただ笑う以外にはない。しかし、それはともあれ私の意見は、西側の「よりすぐれた正義」によってのみ共産主義は防ぎうるのであって、西側の恐怖を暴露している、共産主義にたいするあまりに安価なあらゆる拒絶によってではないということである。とにかく私は、ハンガリーの改革派の人々がとっている積極的な道は、いわゆる「キリスト教的西側」の旗手たちがかち得る栄光よりも好ましいものであると主張する。そして私もまた、この「キリスト教的西側」に忠誠を誓うものではない。むしろ、キリストの位置すべき場所（locus）は、今日の東西間の紛争をこえたところに探ね求められるべきだと考える。いずれ最後に、誰が正しかったかが分るであろう。最悪の事態にさらに最悪のことが重なって起こっているのに、今度だけは私が直ぐに戦いを要求しようとしなかった点で間違っていたとしても、私は満足するであろう。(5)

5

一九四九年に私はもう一つ外国旅行をしたが、それはアムステルダムの世界教会会議の総会に参加するために必然的に生じたことであった。それ以前には、私は「エキュメニカル運動」に参加したことはなかったと言ってよく、あってもほんの少しばかり関係したにすぎなかったし、実際それにたいしてあらゆる種類の批判をもっていたのである。それというのも、あらゆる「運動」がそれ自身私の目には常に疑わしく見えたからであり、現在でもいくぶん疑わしく見えるのだ。しかし、今度の場合は、私は――言葉の普通の意味で――「私の心は変った」と告白しなければならない。

私は全く単純にそうなった。ある日、私は神学の領域で協力するように依頼され、アムステルダム会議の成功にたいする責任の一端を特に私が担わされることになった。そして事情を知るにつれて、これに協力し、責任を分担することが興味あるのみならず重要であることを見出さざるをえなかった。こういう観点からして特に私は今アムステルダム会議を楽しく想起するのである。自分の仕事を一度いわば括弧のなかに入れ、アムステルダムにおけるような否応なしに義務づけられた会議において、まったく異なった諸教会の代表者たちと一つのテーブルに坐り――しかも新しい教義を定めたり妥協したりするためではなく、キリスト教世界の統一の根拠となっている事柄や分裂の原因となっている事柄について、議論を通じて明瞭な理解に達しようという、控え目ではあるが確固たる目的をもって、一つのテーブルに坐ることは必要であるとともに報いられるところの多いことであった。アムステルダム会議で行なわれたのは、まさしくそういうことであった――とにかく第一部門の私の場所から見えたかぎりでは。そして、私はそこに出席し、ほかの人々と協力しえたことを、深く感謝しているのである。

確かに私は、使徒パウロが「キリストにおいては男も女もない」と言っているかたわら、男と女との関係についてそれとは異なった注目すべきいくつかの見解を述べていることについて――私はこの見解をできるだけ親しみのある仕方で弁護しようとしたが――「教会における婦人の働きのための委員会」を納得させることはできなかった。また、世界教会会議へのローマ教会の不参加という問題についての私の意見は、広く共感をもって迎えられなかったように思われる。私の方としても、特に初めの方で会議の進行全体に広がりそうだった古いエキュメニズムの型にたいする私の古くからの嫌悪を、少しも棄てなかった。さらに、キリスト教的な考え方や話し方におけるアメリカ型と大陸型との相違――それは、教会間の相違よりももっと重要で、危険にみちたものかもしれないが――をいつか再び対決させてみる必要があるように思われるのである。(6)

6

しかしアムステルダム会議には、単純にわれわれの心を励ますような非常に多くの事柄があった。後進教会および若い人たち一般の出席と協力、あらゆる種類の公然と認められた相違（それはある種のほかの世界会議とはやや対照的なものである）にもかかわらず、この会議を支配し最後まで導いた一致の精神、キリスト教を東西の紛争を越えたところに置こうとするあらゆる面での誠実な努力、会議の「メッセージ」の高い格調、さらにこういう集まりでのみ可能と思われる、いろいろな個人やグループとの実り豊かな、少なくとも教えられるところの多い出会いなどが、そうしたものに数えられよう。そんなわけで、私はこの新しい経験にたいして頑なにならず、むしろ心を開くことができたことを嬉しく思っている。

私は真の教会人（churchman）には適しておらず、まして教会指導者には適していない。誰も私にそういうものになれとは言わないであろう。しかし私の出来る範囲において、私はアムステルダムで私に与えられたいわゆる「エキュメニカル顧問」という自由な地位でならばいつでも働くつもりでいる。

アムステルダム会議後間もなく、私は十年ぶりで、いつでも特に親しみをおぼえるフランスの神学者たちと再会した。私はポール・ロワイヤルを見、ナポレオンの墓を訪れ、もう一度エッフェル塔から世界を見下ろした。「人は常に最初の恋に帰る」——少なくとも

「しばしば」帰るのである。

7

以上のような次第であるにもかかわらず、私の本来の場所であるバーゼルの自分の書斎に帰ることを、私は喜ぶ。なぜなら、私がここで遂行しなければならない「運動《ムーヴメント》」は、ほかのいかなる運動よりも重要だからである。この十年間に、バーゼル大学での私の講義との連関において、私は『教会教義学』をさらに四冊完成し、出版することができた。すなわち、一九四〇年『神論』(第二巻第一分冊)、一九四二年『予定論』(第二巻第二分冊)、一九四五年『創造論』(第三巻第一分冊)、一九四八年『人間論』(第三巻第二分冊)がそれである。アメリカの読者は数字に興味をもつようだから、各巻がそれぞれ七百八十二頁、八百九十八頁、四百八十八頁、八百頁という大きい本であることを明らかにしておこう。

これらのどの領域においても、私は、これまで認められてきた教会の教義や神学的伝統の線をそのまま単純に歩むことができなかった。私は十分に思索し、すべてのことを新しく、私が正しいと考えた中心点から――すなわちイエス・キリストの人格と業についての旧新約聖書の証言から——展開し直さねばならなかった。このようにして毎年毎年私は新しい興味津々たる問題に直面し、長い道程を必要とした問題の提起と解決に没頭してきた。

今日私は、多大の精神の集中を必要とするこのような仕事を、近年のあらゆる有為転変をくぐりぬけてここまで続けることができたことに、私自身驚いている。しかも私は、それをなしえたことについて感謝すべき理由をもっている。この知的道程においてこそ、私は近年私に起こった変化のなかの最も重要なものを経験したのである。そしてそれが、将来も私がほかのいかなる方向よりもこの方向に続けて進まねばならないと思っている理由である。私の前には、キリスト教信仰の広大な分野が、まだ鍬を入れないままになっている。私は、そこでも他人の及ばないものを生み出すことができたであろうなどと、うぬぼれているわけではない。しかし、次のように言っても自分を欺くことにはならないだろう。あらゆる相対性の只中で、私がここで試みていることがどこかでも試みられるということは、私にとってのみならず、教会と世界における現代人にとっても正しくかつ重要なことだと思われる。また、まさにこのゆえに、会議や説教や講演旅行を——全然ではなくても大部分、そして許される時にはいつでも――この種のことにもっと才能をもち準備をもっている人――私は自分の仕事を通じてこれらの人々を間接に助けうるであろう――にゆだねることが正しくかつ重要であると思われる、と。同時に、私は、アメリカやほかの場所において、このような厖大な著作、しかもドイツ語で書かれた本を考えること自体、いささか脅威であることを知らないわけではない。

私は、現在ボルネオでその土地の牧師に神学の手ほどきをしている私の次男の好きな言葉で終りたいと思う。「誰でも自分のできることをするものである」。過去十年間、私は自分のできることをしてきた。将来もそうしていきたいと思っている。

(1) ヨハネ福音書九・四。
(2) 一九三八年、ナチスはオーストリアを併合し、さらにチェコスロヴァキアに干渉し、ズデーテン地方の併合を要求した。この時イギリスのチェンバレンはミュンヘンに飛び、英仏独伊の四国会談を開き、ズデーテンの併合をみとめるに至った。しかし、この妥協的解決は、ますますナチスの侵略をほしいままにさせることになり、三九年にはチェコスロヴァキアの併合となり、やがて第二次大戦へと発展していくのである。

（3）この問題に関するバルトの論文としてはDie Deutschen und wir, 1945. Wie können die Deutschen gesund werden, 1945.

（4）ナチスの崩壊と共に、それまでの「ドイツ福音主義教会」（Deutsche Evangelische Kirche, DEK）の代りに、新しい「ドイツ福音主義教会」（Evangelische Kirche in Deutschland, EKD）がトライザにおいて成立した。

（5）ハンガリーでの講演としては、『国家秩序の転換裡におけるキリスト教会』一九四八年、『今日の青年』（小塩節訳『モーツァルト』に収録）。

（6）アムステルダム会議で行なったバルトの講演は、まもなくニーバーの反撃するところとなり、両者の間に『クリスチャン・センチュリー』誌上で二、三の応酬が行なわれた。この論争については、有賀・阿部訳『バルトとニーバーの論争』（昭和二六年・アテネ文庫・弘文堂）を参照せよ。

III　一九四八から一九五八年まで

この三十年間に、今度で三度目であるが、『クリスチャン・センチュリー』誌は、私が新しく経験し発見し思惟し行動したことについて——別の自己ではなく、過去・未来にわたって同じ自己ではあるが、しかも変化した自己について——報告するように依頼してきた。このような報告は誘惑も多いし、厳格に考えれば別に必要でもない手すさびである。しかし望まれる以上、書いてみていけないということもないであろうから、引き受けることにしよう。

まず個人的な事柄について語ることにする。私が老人になったということは周知の事実である。今日では、老人について予期されうる事柄について取り扱う老人病科と呼ばれる学問がある。私はその学問から、老人は、実際上不可避である場合を除いては、だんだん老人になっていくことを考えないようにし、単純に一人の人間として静かに生活を続けるようにしなければならないことを教えこまれた。もちろん、騎馬で山や林を跋渉したり、わずかながら兵役に服したりしたのは、遠い過去のこととなった。山登りももはや私を誘惑しない。机上での仕事の速度もめっきり遅くなった。しかし、ほかの多くの老人たちの故障のことを考えれば、私は不相応な祝福を感謝している。私は自覚するほどの病気にはかかっていない。空気、水、栄養のある食物、適度の運動によって、私は今なお元気を保っている。私の好きな喫煙も健康によいので、私の賢明な医者から禁じられていない。

私の健康状態を維持するために格別貢献しているものとして、私は相互に関係のある二つの事柄に感謝している。一つは『教会教義学』であり、それは完成を要求し、うなだれて手を休ませてしまうことを許さない。今一つは、通例の停年を超えても講義を続けるようにというバーゼル市当局の招請である。おかげで私は、学生たちの要求によってくり返しゆり動かされ、元気を回復させられている。一言でいえば、詩篇九〇篇が語る「労働と苦しみ」のお蔭で、私は地上のよき原動力——以前よりもそれを必要とするようになった——を得ているのである。このようにして、私は七十代から八十代にかけての最近の十年間を過ごしてきた。これがいつまで続くかは別問題である。

あらゆる人間存在の歴史性について、したがって私の存在の歴史性についても理解が深まるにつれて、私は私と父祖たちとの繋がりにもっと注意を払い、それに親しみをおぼえるようになったと同時に、私の子供たちや孫たちの生活にもいっそう深く関与するようになった。私はこの十年間に二人の息子が神学を教えるようになったことを非常に喜んでいる。一人は遠いシカゴで新約聖書を教え、もう一人はもっと遠いジャカルタで旧約聖書を教えている。彼らが私の近くにいて私を刺戟してくれないのを私は淋しく思う。彼らは、私の知らないことをたくさん知っているし理解している。しかし、私にとって慰めなのは、われわれの間に一致があるということであり、また、太陽はわれわれの家族の少なくとも一人があらゆる学問のなかで最も美しい学問のために目覚めて働いているのを常に見出すという、大胆な考えである[1]。私の一番下の孫は、インドネシアで生まれ、ダニエルという名前である。彼はまだ一歳にもなっていない。しかし、バーゼルのわれわれの家にやってきた時、彼は知性と音楽的才能と敬虔の顕著なきざしを示すことによって、私を喜ばせてくれた。

1

次に政治問題に移ろう。政治問題にたいする私の立場は、すでに最初から私に気楽な生活を許さなかった。過去十年間に、政治問題は私をいっそう困難な状況にまきこんだ。何が起こったか。私は何をしたか。何が私にふりかかってきたか。第二次世界大戦の終結以来、われわれすべてにつきまとい、われわれすべてを陰で蔽ったのは、「東と西」の問題であった。この問題について、私は周囲の大部分の人たちと一致することができないでいる。共産主義のこれまでの様子を見て私が東側の共産主義の方に傾きかけている、というのではない。私は共産主義の領域内に住むことをはっきり好まないし、誰もそうすることを強制されないことを欲するものである。しかし、私がこのように共産主義を拒絶するからといって、この十五年間に西側がますます鋭く引き出すようになった結論をそこから引き出すことを、どうして政治的にもキリスト教的にも要求され、ないしは許されるのか、私は理解することができない。私は原理的な反共産主義を共産主義自身よりも悪であると考える。共産主義は歓迎されないものではあるが、その不作法さも含めて、西側の発展の自然の結果であるという事実を、人は見逃すことができるであろうか。われわれが最もはげしく非難する全体的、非人間的強制にしても、遠い昔から西側の自称自由社会や自由国家にもほかの形で出没したことはなかったであろうか。共産主義がすべての人、すべての国民を祝福する救いの教理として、それゆえに全世界に広げられるべき教理として現われた時、それは突然新しく現われた、特に恐れねばならないものであったろうか。こうした種類と傾向の組織は、ほかに見られないようなものであろうか。さらに、われわれは、共産主義にたいする絶対的な敵対関係を唯一の可能性として宣言し実践しようとすることによって、共産主義によって支配されている人々や、それの脅威にさらされている人々を——共産主義の影響下に苦しんでいる人々のなかのたった一人をさえも——救助するのだなどと考えることができるであろうか。西側のすべての勇敢な人たちがそれに義務づけられており、自己のすべてを捧げようとしている、この「絶対的敵対」関係こそまさしく、今は亡き独裁者たちの典型的な発明品（またその遺産）であることを、そして「われらのうちなるヒトラー」のみが原理的な反共産主義者たりうるということを、われわれは忘れたのであろうか。

西側の誰が、東側、特にロシアの立場から一九四五年以来起こっている苦しい状況を十分に考えてみる労を、一度でもとったであろうか。われわれは、国家社会主義の脅威の克服のためにソ連が貢献したことを、むしろ喜ばなかっただろうか。また喜んだとしても、それだけの理由があったのではないか。戦争の終り頃、ソ連が東ヨーロッパに決定的な影響力を及ぼすことを認め、保証したのは、西側の指導者たちではなかったか。一九一四年以来起こったすべてのことを考慮する時、ソ連の自己保全の必要から自己に提供されたものを確保しようとしたのだというのは、誇張があるとしても、まったく理解不可能なことだろうか。どのような権利をもって、われわれは一九四五年以後、直ちに「巻返し」の必要について語り始めたのだろうか。共産主義者たちが彼らの方でこのような巻返しに対処しようとした時、これを世界のほかの部分にたいする攻撃的な軍事的脅迫とみたのは、不可避的なことだったろうか。

われわれは西側に巨大な防衛同盟をつくり、東側を原爆基地で囲み、ドイツ連邦共和国――それはソ連には鼻の下につき出されたにぎりこぶしのようなものである――を建て、再武装し、核ミサイルで装うことによって、東側の相手〔ソ連〕をひどく刺戟し、われわれの向こうを張って力による対抗策をとるように挑発し、かくて彼の側にも彼固有の少なからざる悪を犯させる以外いかなる選択の余地もなかったのだろうか。西側は結局、悪名高い原子爆弾や水素爆弾に信頼をおく以上のよい策を知らなかったのだろうか。そして、東側もこの武器に関して怠けたままではいなかったのだということを今聞かねばならないのは、西側にとって当然の報いではなかったろうか。現在世界をこの出口のない袋小路とでもいうべき状態に追いやっている外交政策よりよい政策はなかったのだろうか。

その上、東側の全体主義的人間を闇の天使に、西側の「組織のなかの人間」を光の天使に仕立て直したり、またこの種の形而上学や神話の助けを借りて（東側もお互い様だということは弁解にならない）、「冷い戦争」という馬鹿げた張合いをば必要に促されて非常に神聖なものに仕立てる点にその知恵を発揮している、西側の哲学や政治倫理――不幸にも神学さえ――とはいったいどういうものだったろうか。われわれは西側の人間を、自由と人間の尊厳か、それとも原子爆弾による相互の絶滅かという無意味な二者択一の前に立たせ、まさにその後者をいつもあらかじめ真のキリスト教的隣人愛の業とあえて称するような仕方でしか、西側の善なることについても、西側の人たちの抵抗力についても確信をもてないのだろうか。

2

こうした馬鹿らしい行為全体——私にはそれをほかに呼びようがない——にたいして、この数年私は調子を合わせていくことがどうしてもできなかった。われわれは火事の恐怖から無責任に火をいじっているのだと、私は考える。もし西側がそのことをよく知るならば、共産主義的な東側の力とイデオロギーとの確かに避けえない批判的対決のための、よりよき道を求めかつ見出すに違いないと私は考える。立派に慎重に手堅く運ばれた共存政策や中立政策への可能性は、この期間に一度ならず提供された。この可能性が取り上げられていたら、「自由世界」という名前はもっと名誉あるものとなったであろう。また、今日われわれの前に見られる結果よりももっと有用で有望な結果が得られたであろう。特に西側の新聞と文学は、非人間的なものにたいして非人間的なものをもってする代りに、東側の個人と諸関係をその弁証法的現実において静かに観察し理解することによって、西側のほめそやされている人間性なるものを論証すべきだったと考える。なかんずく私は、キリスト教会は神の国の平和と希望についてのすぐれた証しによって、世論や政治的に責任のある指導者たちに影響を与えることを、自己の使命と考えるべきであったと思う。諸教会は、これまで大部分無思慮から、下手な思いつきとまずい運び方からなる西側の立場と福音そのものをいっしょくたにし、それによって福音そのものを損なってきた。その傷は、人間的な立場から見るところでは最上のエキュメニカルな努力やミッションの努力によってさえも、長い間いやされることはないだろう。諸教会は、東側の無神性を実践を通じて論駁する代りに、むしろそれを支えるような打ち勝ち難い新しい論証を提供してきたのである。

私はこういう見方をしてきたし、現在もしているので、稀にはたいていの人が沈黙する時に語り、またしばしばたいていの人が語る時に沈黙するという仕方で、近年一度ならず自己自身を人々の非難にさらさねばならなかった。人々は、私を「隠れ共産主義者」か、少なくともその同伴者という嫌疑をかけようとするのでなければ、政治についてはナイーヴな素人か――非難する目的である旧約の預言者たちと比較して――ブルジョアジーを当惑させて意地の悪い喜びを味わっている原理的な反対主義者（non-conformist）とみなした。人々は、私がかつて国家社会主義に反対して言ったことを、共産主義にたいしても繰り返そうとしないのは甚だしい自己矛盾であるとして、幾度となく私を非難した。人々は私を、「自由世界」の特権と恩恵について感謝の念をもたない卑劣な人間だと非難した――そして彼らは、私の発言を、特に私が何も言わなかったことを、軟化し困惑して危なっかしくなった――それは私の老齢からのみ説明しうる――証拠として嘲笑した。

西ドイツの政治指導者および教会指導者層の間では、私は最もよい時代でさえもともと評判が悪かったが、最近はいっそう不評になった――もっとも、私はまた幾つかのソビエト・ドイツの公けの場所からも、公然たる「反民主主義的」、否「反人間主義的」な性格の思想の持主であるときめつけられたけれども。特に、小型のマッカーシーが目立ってたくさんいる私の生国スイスにおいては、私の立場は悪くなってきた。一九五一年には亡くなった一人の指導的な政治家が、私にたいする公式の反対運動を始めたし、特にハンガリー危機の時やスイスの原子爆弾による武装という問題についての奇妙な論議に際して、私はいかがわしい市民とみなすべき輩であり、ヒトラー時代に私に与えられた適度の共感を私は漸次失うに至ったという声を、まぎれもなく聞かねばならなかった。ハンガリーについて沈黙したゆえに、悔い改めたジャン・ポール・サルトルと違って私は悔い改めていない人間であるとか、アメリカにたいする非キリスト教的であると同時に不可解でもある嫌悪を示したからと言って私を非難したのは誰だったか。ああ、私は私について書いてある追悼の辞を前もって読むような気がする。人はいつか私について総括して次のように言うであろう。私は神学の革新とドイツ教会闘争に関してはいささか功績があったが、しかし政治問題については人を惑わす光であったと！

以上が、政治の領域において私にふりかかってきた運命であった。たしかにそれは殉教でもなかったし、別に恐ろしいこと――たといそういうものであっても、それについてつぶやく理由はないであろうが――でもなかったが、しかしこの十年間に常に私につきまとい、私の心を占領し、それゆえにここに記しておかねばならなかった一つの試練であった。私が年をとればとるほど、次のような洞察が私にとってますます確固たるものとなっている。それは、物事は早晩公正に照らし出されるのが常であるゆえに、もしこのような試練においてよき良心をもっているならば、あまり躍起になって自己を弁護したり正当化したりしない方が賢明だし、そういうことをいっさいしないならもっと賢明だということである。言うまでもなく、私はここではそうしてみようとしているわけではない。私がこの文章を書いている日の新聞は、ニクソンのモスクワ訪問やフルシチョフとアイゼンハワーの会見の企てなどに関する最近のニュースを報じている。私は東側の人たちと西側の人たちの間で、また両方の民族やイデオロギーの間で、今なお可能であるような事柄に注目しつつ、楽観的にもならず、さればといってはじめから懐疑的になるようなこともなく、それらのニュースを読んでいる。ダレスとアデナウアーのこの不幸な時代がいつか終ることになったらどうだろうか。もしドイツのルター主義者たちがいつかその悪しき道から足を洗うことになったらどうだろうか。もしヴァチカンやジュネーブからある朝、何の拘束力もない、当たり障りのない言葉の代りに、悔い改めと平和の預言者的使徒的な言葉が聞かれるようになったらどうだろうか。人々はこのようなことをほとんど望もうとしない。しかし、このようなことやそれに類似したことは、万物の終りと新しい開始の前に起こる可能性をもっているのである。どうしてこの可能性を排除すべきだろうか。

必要に迫られて、この文章で私は望んでいたよりも詳しく政治問題について書き、また私の生活のなかで実際もっている重さ以上のものを、それに与えねばならなかった。過去十年間においてさえ、私の本当の関心は特に神学的な領域において着手した仕事にあったのである。

3

私は『教会教義学』の著作を続行し、『創造論』の終章にあたるキリスト教倫理学の一部を書き終えた後、『和解論』に移ってきた。(2) それは三つの領域において展開されてきたが、それとともに私は、あらゆる神学問題の生きた中心部に入ったわけである。ここでも——むしろここでますます——私は旧・新約聖書の証言にできるだけ忠実に多面的に注意を払い、また古い伝統や比較的新しい伝統を公正に批判摂取しつつ、非常に多くの事柄について新しく熟考し・表現し直さねばならなかった。目標にはまだ達していないし、それに達するかどうかも確かではない。しかし、おそらく最も高い山は、私も私の読者も越えてしまったと言ってよいであろう。この仕事に要した努力は少なからざるものであったが、しかしそれは報いられるところのある仕事であった。私は、非常に多くの人々がこの仕事に注目し、私といっしょに学びながらこの仕事に参加しようとしてくれるので、この仕事を続けることに自分の使命があるとくり返し感じさせられているのである。この点に関しても、私はこれまで身にあまるほど幸福であったと思っている。私の著作の英訳および仏訳は順調にすすんでおり、始まったばかりの日本語訳も有望である。こういう広い範囲において――最初の驚きや奇異な感じが消えたのちにさしあたり――私の著作がどんなふうに受け入れられ、どんな作用を及ぼすかについて遠くからでは見ることができない。しかし、私はまた今一つの面で、自分の孵化した小鴨がいつか泳ぐようになるのをみるあの親鴨牡鶏のように、私の著作の影響を見守っている。私の著作を――その全体において、あるいはある部分を選択して――取り扱った評論、博士論文、著書の数は目に見えて増えてきたし、それとともにそれらのなかで展開している私の神学の発展や構造についての仮説の数も増えてきた。しかも私は、これらの仮説から夢想だにしなかったほど多くのことを、私自身について学んでいるのである。しかし、このような批判的解明――それはそれ自身としてたしかに価値あることであるが――よりももっと嬉しく思うのは、『教会教義学』が少なからざる牧師の家に見出され、読まれ、研究され、(単に参考書としてあちらこちちを利用するのであるにせよ) 説教、教育、牧会上の仕事の役に立ち、かくして間接的に遠い諸教会においても役に立っていることをしばしば耳にすることである。

私は、この教義学が学問的領域においても、教会の宣教においても、この教義学の実際的影響力には非常に明確な限界があり、将来もそうであるということについて、自分をごまかしてはいないと思う。人はこれら両方の領域において、私の教義学の存在を認めようとしなかったり、それと実際にとりくまないで、噂を聞くだけやほんの一瞥だけですませてしまったり、その立場や表現のあれこれに興味をもつだけで決定的な点を避け、むしろそれをまったく異なった種類および方向の概念と混同し、つまらなくしたりすることによって、私の教義学のそばを通りすぎることもありうるのである。しかし、私は私の著作に多くの人々が真面目に注目してくれたことを心から感謝しているゆえに、そのことについても不平をいうことはできず、またゆるされないことであり、私自身不平をいおうとは思わない。帝国主義的貪欲は、神学の領域においては実際ほかの領域に倍して憎むべきものである。

私と同時代の神学者たちが試みかつ遂行した神学的な企てのなかで、最も私の注意をひいてきたのは、ルードルフ・ブルトマンによる新約聖書の「非神話化」である。と言っても、それが提示する具体的な問題のためではなく、それがシュライエルマッハーによって育成されたタイプの神学の主題と方法を再び採用している点で非常に印象的であるからである。かくしてブルトマンの仕事は、今から四十年前シュライエルマッハーの伝統からの訣別において獲得した私自身の出発点を新しく考察し、検討し、厳密にする機会を与えてくれた。

結局、私はその特殊な主題について、ましてその原理的な方法について、ブルトマンに従うことはできなかった。そこでは、神学が（そうでないというあらゆる保証にもかかわらず）新しく特定の哲学にとらわれて、エジプト捕囚ないしバビロン捕囚の身になっているのを、私は見たのである。バーゼルで研究している若い神学的世代との交わりから見て、私には、かつての歴史的批評的解釈への興味がそうであったように、「実存論的解釈」への興味は、しばらくはほかのすべてを呑みつくすが、間もなく消えていくかのように思われる。けれども、ほかの観点から見れば違った見方もすることができるであろう。私は、実存論的解釈が、ブルトマンの弟子たちによって与えられた様々な形において、なお注目すべき未来をもつとしても別に驚かないだろう。確実なことは、まだ完成していない神学の解放ということが、ある人々（おそらく私の読者や友人をもふくめて）が考えたであろうほどには容易でないと教えてくれたことを、ブルトマンに感謝しなければならないということである。私にとって意味深いことは、現代の旧約学者の方が古くして常に新しい「信仰と歴史」という問題について、全体として権威のある新約学者たちよりもよい足場をもっていることである。現代の新約学者たちは、驚くことには剣と棒をもって武装し、もう一度「歴史的イエス」の探究――私は以前と同様関与したいと思わない探究にとりかかっているのである。(3)

4

ローマ・カトリック神学と私自身との出会いにおいて起こった事柄については、特に一言する必要がある。人はほかの点においては私についてどのように考えようとも、宗教改革以来プロテスタント神学において誰もこんなに多くの、批判的ではあるが積極的な、いずれにせよ真剣な興味を、ローマ・カトリックの学者の側にひきおこしたことはなかったという事実に伴う、奇妙な名誉を私にあたえねばならないであろう。たしかに『教会教義学』および私のほかの著作についての最も包括的な解明、最も透徹した分析、そして最も興味ある評価さえも、これまでのところカトリック陣営から生まれてきた（G・C・ベルカウアーの著作や、最近ハイデルベルクでの博士論文を私に届けてくれた若いアメリカ人の業績などの重要な例外はあるが）。カトリック側の研究のなかで抜群なのは、バーゼルの私の友人ハンス・ウルス・フォン・バルタザールの有名な著作である。奇妙に見えるかもしれないが、この著作では、バルタザールと私が一致している点は、われわれ両人が異なっている点とちょうど均衡を保っている。最も際立った例は、ルツェルン出身で七年間ローマで十分に学問的訓練をうけ、パリで神学博士になった若い人が一書を著わして、私自身によって解釈され提示されている宗教改革の教説と正しく理解されたローマ・カトリック教会の教説の間には、恩寵義認という中心点においてまさしくいかなる本質的相違もないという、極めて鋭利な議論を提出したという事実である。これまでのところ、この書物はカトリック当局によって否認されないばかりか、カトリック教会のそれぞれの有力者たちによって賞讃されているのである。人はそれにたいして何と言うべきであろうか。千年王国が始まったのだろうか。それとも一番近い街角のところで待っているのだろうか。何とそれを信じたいことだろう！(4)

しかし、ローマ・カトリック教会の進路は、私のために非常に多くの労苦と愛を惜しまないような神学的前衛によって決定されるのでもなく、それが決定力の一部となるのでさえないことを、不幸にも示す要素がある。十六世紀の熱狂的な反宗教改革的聖フランシスコ派修道士ブリンドの聖ラウレンチウスが、教会の博士として、またアタナシウス、アウグスチヌス、トマスに匹敵する地位において発したような叫びが、今も発せられたり、トリーアの「聖衣」に何百万もの人が巡礼したり、おだやかではあるがひどく内容の貧しいヨハネス二十三世の最初の回勅などがその例である。しかし、上述のような前向きのグループが——これまでのところ追放されることなく——仕事を続けており、この前衛と接触を続ける魅力ある可能性、あるいはむしろ必然性がわれわれの前に、特に私の前に横たわっているということは確固たる事実である。

5

神学教育という面でのバーゼルの仕事のなかで私にとってますます重要になっているのは、講義に加えて年々新しくなる学生たちとの直接の共同作業である。彼らと対話し、彼らの質問や反対意見を聞いては答え、私が正しいと信ずる道へ彼らを導くのは楽しいことである。このような共同作業を、われわれはゼミナールでルターやカルヴァンの著作を研究する際に、またシュライエルマッハーやブルトマンやティリッヒや、その他カトリックの学者を含めて現代の著名な人々の著作を研究する際に、さらに（ドイツ語、フランス語、英語で）私の『教会教義学』の初めの諸巻を検討する際に行なった。学生たちと私自身との年齢の開きはますます大きくなりつつあるが、それでも学生たちは私のゼミナールに熱心にかつ喜んで参加しているという印象をもっている。こうした状況もいつかは変るだろうが、今のところまだそこまでは行っていない。

『クリスチャン・センチュリー』の読者は、数学期ないし数年間の研究のためにバーゼルにやってくる種々の年齢の、かなりの数のアメリカ人を私が心から歓迎したし、今も歓迎していることを聞いたら、特に興味を覚えることであろう。彼らは種々様々な教派からやってくるが、そのほとんどすべての人がここでの（わけても私の下での）まったく異なった精神的環境に努力して適応し、好結果を生んでおり、バーゼル大学の学位を得て母国に帰り教授になっている人も一人にとどまらない。私はしばしば反米的なわだかまりをもっているとみなされてきたが、現実はそんなもののため彼らの誰も苦しむ必要はなかった。その上、私は多くのヨーロッパ人のようにかの地に旅行をしてあちこちで行きずりに人に会ったり話をしたりするよりも、この地にとどまって教えることによって、もっとアメリカにたいしても役立ちうると考えている。これは、アメリカにおいて私がシカゴにいる私の息子によって最もよく――正しくかつ独自の仕方で――代表されていることを私は知っており、また欲する人は誰でも、今は私の著作を英訳で静かに読みかつ学ぶことができるということとは別にしての話である。

私のバーゼルでの働きのなかには、時折の説教も含まれている。そして、近年は当地の刑務所のチャペルが私の愛好する講壇であったと言うべきだろう。その説教を聴くためにはあらかじめ市民的秩序を犯しておかなければならない神学教授など、それほど多くはいないだろう。

一九五六年五月、私は七十歳になった。その時、私は遠くあるいは近くの各所から多くの友情のこもった挨拶をうけた。私はそれを神と人とに感謝しつつ喜んでうけた――自分をあまり重大に考えすぎてヨベルの年の主人公のように思う誘惑と男らしく戦いながら。しかし、一九五六年という年は、ヴォルフガンク・アマデウス・モーツァルトの生誕二百年祭として、私にはもっと意義深い年であった。私にとって一九五六年の最高潮は、バーゼルで挙行された祝典において、モーツァルトとその作品について記念講演をするよう招待をうけたということである。私は特に芸術的な天分があるわけでも芸術的教養があるわけでもなく、救済史と芸術史のいかなる部分をも混同したり同一視したりしようとは思わない。モーツァルト音楽の黄金の音色と調《しら》べは、若い時代から、福音としてではないが福音において啓示された神の自由な恩寵の国の比喩として、私に語りかけてきた――くり返しすばらしい新鮮さをもって。このような音楽なしには、私は神学と政治の両方においても個人的に私を動かしているもの、またここで二、三のことを述べようとしたこの十年間の生活をも考えることはできないであろう。カルヴァンとモーツァルトの像が同じ高さに並んで掲げられている神学の研究室はそうはないだろう。

（1）マルクースはシカゴ大学で新約学の教授をしており、クリストフはインドネシアで旧約学を教えているので、家族の誰かの上に常に太陽が照っているというわけである。

（2）『教会教義学』は五巻からなり、「序説」（神の言葉の論）「神論」「創造論」「和解論」「救贖論」となっている。そして各巻の最後で倫理の問題が取り扱われる予定であった。

（3）Barth, K., Rudolf Bultmann. Ein Versuch, ihn zu verstehen, 1952. Fries, H., Bultmann-Barth und die katholische Theologie, 1955.

（4）Balthasar, Hans Urs von, Karl Barth. Darstellung und Deutung seiner Theologie, 1951. Berkouwer, G. C., Der Triumph der Gnade in der Theologie Karl Barths, 1957. Küng, Hans, Rechtfertigung, 1957.

あとがき

本書は、『クリスチャン・センチュリー』誌に十年ごとに三度寄稿したバルトの自伝的文章を訳し、それに解説を付したものである。出版社の意向によって「バルト自伝」としたが、四十二歳から七十二歳までの期間について語られているのであるから、厳密にはバルトの半自叙伝ともいうべきものである。その代り、解説では彼の前半生についてもかなり詳しく述べ、その際、彼の言葉を引用することによって彼自身をして語らしめるように、幾分かは工夫したつもりである。

翻訳はもちろん『クリスチャン・センチュリー』誌の英文（誰かの翻訳と思われる）に拠ったが、後に入手したバルトのドイツ語原文を参照した結果賛成し難いところもあるので、ドイツ語から直接訳したところも少なくない。ただし、それは主として第三番目の文章についてであって、ほかの二つの文章については、ドイツ語原文の入手が校正の出たのちになったため、最少限度にとどめざるをえなかった。また、本書に収められた三つの文章のいずれも、かつて興梠氏や大宮氏などによって一度は訳されたことがあり、今回はそれらの方々の訳文も参照させていただいた。

本書の仕事は、ほかの仕事の合間を見ながら進められたために、つい長くなって出版社には申し訳ないことになったが、仕事そのものは筆者として大変楽しいものであった。本書を読む人々にも、この書を楽しんで読んでいただけるならば、筆者にとってまことに幸いである。

終りに、この仕事をお勧め下さった新教出版社の森岡巌氏をはじめ、本書を出すにあたってお助け下さった方々に、心からお礼を申しあげたい。

訳　者

重版にあたって

カール・バルト生誕百年を記念して、新教出版社のお勧めにより、拙訳『バルト自伝』の重版を出すことになった。この書は私の比較的長い解説と、バルトの自伝的文章の翻訳から成っている。両方とも、いろいろ手を入れたい点があり、とくに解説については今では当然のことながら加筆したい点も少なくはないが、これをやり始めると切りがないので、修正や加筆は最小限度にとどめた。ただ巻末の主要著作リストは古くなっているので、全面的に作り直した。これによって少しは使いやすいものになったのではないかと思う。

バルトが日本で読まれはじめてから六〇年くらいになるが、一人の神学者——しかも外国の——がこれほどの影響を与え続けてきたということは他に例がないであろう。筆者はその足跡を辿りたいと思い、その仕事にすでに着手している。深い感慨をもって、生誕百年という年にこの貧しい訳業を再び世に送りうることを喜びとするものである。

佐藤敏夫

本書は一九六一年に新教新書として刊行されました。その後バルト生誕百年に当たる一九八六年に巻末の文献表を新たにするなどした改訂版が刊行され、また一九九六年に同版が復刊されました。

このたびの新版に当たっては改版し、また表記や用字用語を現在の通行に置き換え、若干の表現を改めるとともに、写真も差し替えました。

なお、八六年版の巻末文献表は、既に入手できない書籍が多数含まれているため割愛しました。本書で触れられているいくつかの書籍については、巻末の広告をご覧ください。

（編集部）

バルト自伝
〈新教新書 279〉

2018年4月30日　第1版第1刷発行

著　者……カール・バルト
編訳者……佐藤敏夫

発行者……小林　望
発行所……株式会社新教出版社
〒162-0814 東京都新宿区新小川町9-1
電話（代表）03（3260）6148

印刷・製本……モリモト印刷株式会社

ISBN 978-4-400-34050-8　C1216

バルトの本から

ローマ書［第二版］　吉村善夫訳

20世紀神学の開始を告げたあまりにも有名なローマ書講解第二版の全訳。屈曲した原文にみなぎる凄まじい緊張を見事に伝える吉村訳も声価が高い。

Ａ５判・６６２頁・本体７９００円

死人の復活　第一コリント書十五章の講義　山本和訳

１９２３年のゲッティンゲンにおける講義。バルトの復活理解はもとより聖書釈義の特徴をよく示す初期の代表作の一つ。巻末の神学的自伝も重要。

〈新教セミナーブック〉Ａ５判・２１６頁・本体２４００円

ピリピ書講解　山本和訳

１９２４年、26／27年に行った講義。キリスト教的生活に対する終末論的信仰の意味を解明した、初期バルトのいわゆる「神学的釈義」の精髄。

〈新教セミナーブック〉Ａ５判・１８０頁・本体２２００円

【バルト・セレクション】

＊天野有〔編訳〕。重要論考の新訳が文庫判で読める選集。全7巻・既刊4冊

1 聖書と説教

バルトの説教論の要諦を明らかにする「神の言葉への奉仕」「聖書の権威と意義」の他、バルト40代から死の年までの説教25編を収録。とりわけバーゼル刑務所の受刑者たちに語った晩年の説教は感動的。

文庫判・624頁・本体1900円

4 教会と国家I

「赤い牧師」・「弁証法神学時代」から反ナチズム・教会闘争時代へ

収録作品「イエス・キリストと社会運動」「神の義」「聖書における新しき世界」「社会の中のキリスト者」「神学的公理としての第一誡」「今日の神学的実存！」「訣別」「決断としての宗教改革」

文庫判・544頁・本体1800円

5 教会と国家Ⅱ　反ナチズム／教会闘争時代

収録作品「福音と律法」「義認と法」「プラハのフロマートカ教授への手紙」「教会と今日の政治問題」「キリスト者の武器と武具」「スイスからイギリスへの手紙」「ドイツのキリスト者へのクリスマス・メッセージ」他　文庫判・648頁・本体1900円

6 教会と国家Ⅲ　戦後の東西冷戦時代

収録作品「ドイツ人とわれわれ」「キリスト者共同体と市民共同体」「国家秩序の転換の中にあるキリスト教会」「信仰の一致における政治的決断」「ドイツ民主共和国の或る牧師への手紙」他　文庫判・587頁・本体1800円

＊

モーツァルト　小塩節訳

心底からモーツァルトの音楽を愛していたバルトが、その思いを赤裸々に告白したエッセー、対談等6編。主の創造の世界を自由に軽やかに賛美するモーツァルトの音楽は、バルト神学と通底する！

四六判・150頁・本体1600円